浙江舜达伟业物资有限公司

杭商

指导：杭州市发展研究中心
　　　杭州市社会科学界联合会
　　　杭州市工商业联合会
编辑：《杭商》编辑部
出版：经济管理出版社

顾问（姓氏笔画为序）

王立华　王水福　王越剑　王　姝　冯仁强　叶　明　叶建宏　刘庆龙　齐　力
孙丽平　陈小平　陈　涛　陈妙林　陈　瑾　何美华　李　虹　李继林　李　玲
辛　薇　张振丰　杨国琴　吴玉凤　汪力成　汪华瑛　宗庆后　郑桂岚　卓　超
胡征宇　赵玉龙　翁卫军　高乙梁　钱美仙　盛成皿　章　燕　裘　超　谭　飞

编辑部

社长/总编：马晓才
副社长：李　洁
副总编：楼燕红　季建强　徐青青
总编助理：陈玉磊
全媒体总监：何影丹
采访总监：邹　芸
编辑总监：沈　意
采访/编辑：沈丽萍　马三三　姚　兰　李　靖　周　珂　张飘飘
图片顾问：高　杨　吴宗其　张晓冬
特约主笔：黄亚洲　朱晓军　孙昌建　孙　侃　徐迅雷　柯　平　俞梁波　卢文丽
特约摄影：罗晓韵　匡　琰

全媒体中心电话：0571-85068367
采访部电话：0571-85068763　85172735
设计部电话：0571-85157263　87703205
广告部电话：0571-85811315
发行部电话：0571-85102753

网址：www.cn-hsw.com
邮箱：460031076@qq.com
出版日期：2019年6月1日

主　办：杭商研究会
　　　　杭州企业品牌发展促进会
战略合作：杭商传媒
　　　　　杭州海外企业家投资联合会

林典誉：丝绸情，中国梦
004

146

Contents

目录
2019年6月　总第101期

杭商公微

封面人物
杭州电视台生活频道副总监，播音指导（正高），杭州市政协委员杨苡。

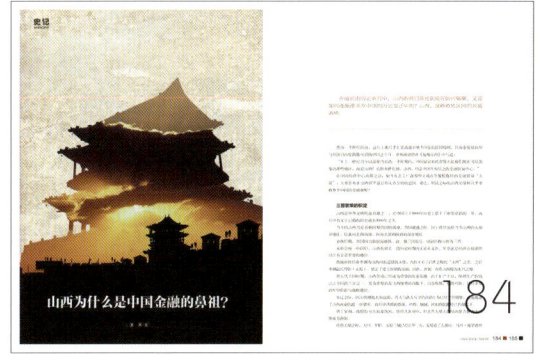

人物
- 04　林典誉：丝绸情，中国梦
- 10　宗庆后：机遇大于挑战
- 16　杨莅：纷繁世事，深情述说
- 26　孟宏亮：投资人的品格
- 32　黄曼：奋战生死间
- 43　闻吾传：松柏之质
- 46　桑张耿：每一本藏书都是我的亲密爱人
- 52　张杨钧：念念不忘，必有回响
- 58　杨隐峰：在满地六便士中看见月光
- 64　章家琪：爱的第一站
- 68　钱小伟：一个麻醉医生的自白
- 74　邓艳：一禅一茶一世界
- 80　李天天和他的丁香园

观点
- 86　设立融资租赁损失补助制度 有效缓解中小企业融资难
- 92　做正常人，说正常话
- 102　许小年：德国企业家为什么不焦虑

观察
- 94　加强服务民营企业，金融供给侧改革适逢其会
- 98　隐形在德国的冠军们

湖畔品茗
- 104　画家借院：找寻一束光
- 114　丝路锦程，丝韵东方

访谈
- 116　孙正义访谈：过去、未来和马云

读图
- 128　寻芳湘湖滨 光景一时新——记湘湖金融小镇之春

乐享
- 140　峨眉山：从盆地升向天庭
- 146　武夷山　碧水丹山甲东南

资讯
- 158　智慧医疗，让梦想照进现实
- 162　医者仁心
- 166　数字经济，智享未来
- 170　数融万物·智享未来
- 172　培养新型商业领袖
　　　 浙江大学企业家学者项目发布会成功举行
- 176　杭商传媒联合浙大EMBA教育中心
　　　 举办首席战略官（CSO）沙龙
- 188　杭州滨江全国首创总包代建模式
　　　 让安置房建设又快又好

史记
- 178　"丝绸之路"与中国式"全球化"
- 184　山西为什么是中国金融的鼻祖？

悦读
- 196　顶级的自律——读《曾国藩日记》

形象
- 01　舜达伟业
- 15　元弘投资管理
- 63　开发区热电
- 83　红妍颜料化工
- 84　数通实业
- 88　建宏商品混凝土
- 90　开元管件
- 138　徐州亿鑫置业
- 150　杭州临安湍口众安氡温泉度假酒店
- 152　精侍健康管理
- 154　海尔希畜牧科技
- 156　田厚市政园林
- 175　杭州盛泰开元名都大酒店
- 190　杭重科技
- 192　三元控股
- 194　紧商科技
- 200　铭阳工程
- 211　达利（中国）
- 封底　通策宝群

人物 PROFILE

林典誉：丝绸情，中国梦

杭商全媒体记者 李洁/文 徐青青/摄

"达利认为，丝绸是人民的，是中国的，也是世界的。丝绸寓意着和平与发展，通过它，中国与世界更好地联结，并在创新中展示着时代脉搏。"在不同场合，达利国际集团有限公司执行董事林典誉为中国丝绸宣讲。

达利国际集团成立于改革开放的起始之年1978年。作为港资企业，得益于改革开放的契机，公司创立伊始就把根深深扎在了祖国。

那是一次美妙的相遇。40年风雨兼程，达利通过一系列技术创新、模式创新，成为改革开放之路的探索先锋之一，有力地推动中国丝绸产业走向世界，并参与了香港经济腾飞，也在这一过程中实现了自身的大发展。

如今，以中国为基地，达利的发展足迹遍及美国、英国、意大利、东南亚等国家和地区。在中国丝绸与世界间架起一道桥梁，达利希望为传统丝绸注入"创新、创意、创造"的灵魂，让世界看到，最好的丝绸在中国。

创新丝绸之路

1978年，达利国际集团由林典誉的父亲林富华创办。那一年恰逢改革开放，大批港商跨越罗湖桥，奔赴内地，兴业投资，兴教助学，形成一道独特的风景。从此，"港商"成为一个伴随中国改革开放的"推动者"。

当时，许多港商源于对家乡的情结，怀着赤子之心北上投资设厂，带动了内地制造业的兴起与繁荣，达利国际也在其中。

那是一段艰难的拼搏岁月。质朴的工人们在制度不健全的工厂里日夜苦拼、加班加点，为的是改变自己贫穷的命运，那一股精神令林富华深感佩服。推广中国丝绸文化的远大理想也在那时树立。

40年艰苦创业，从深圳出发，沿着中国丝绸的发展路径，达利国际将根深深植于祖国大地，将生产总部办到了杭州。"丝绸代表着中国文化，虽然我们是港资企业，爱国的心都是一样的，把要丝绸带到世界。"在父亲的影响下，13年前，林典誉进入达利国际集团工作，用创新赋予丝绸新生。

如今，在达利（中国）这片以现代时尚厂房为经，以丝源之古桑为纬，将旅游与工业嫁接、生产与营销结合的达利丝绸工业园内，达利人正带着历久弥新的经典韵律，将现代丝绸优雅、柔美、精美的韵味演绎得完美且不凡。2018年，仅达利萧山基地的税收贡献就达1.3亿元人民币。

达利国际集团有限公司执行董事林典誉

人物 PROFILE

■ 达利（中国）夜景

过去数十载，达利与合作伙伴不断创造了成功，以时尚连接许多世界顶尖的品牌，以丝绸编织了许多梦想。扎根在中国的达利国际集团为何能闪耀在世界的舞台？林典誉说："靠的是创新驱动！"

"走出去"是达利创新突破的第一步。改革开放之初，达利就在美国、意大利、英国建立销售分公司。同时在中国建设丝绸的生产基地，为国际零售品牌提供丝绸、流行面料及成品，产品涉及丝巾、领带、时尚服装、家居服、家纺及丝绸礼品等。

过程中不断创新与改革丝绸，达利在继承传统工艺的基础上，为丝绸赋予新的生命力，既保持了丝绸古典韵味，又迎合了现代的需求。1988年，达利就率先实现了砂洗丝绸、真丝重绉和绢丝针织的创新发明，引领中国丝绸整个产业链的品牌的提升和发展，推动中国传统丝绸产业迈向现代化、时尚化、国际化。

另一次突破是在2007年。当时，集团做出调整，将发展重点集中到丝绸面料创新、创意上，并且邀请了十余名意大利技术专家参与技术创新，林典誉负责中方和意方人员的沟通与协调，确保技术创新的执行。

当意大利的浪漫遇到中国的古典美，会碰撞出怎样的火花呢？林典誉说，这是一个融合新生的过程。

意大利的创意表达在全球享有美誉，很多设计到了艺术级别，在面料设计上同样细致入微，常常是不计成本地做。相对来说，那时候的中国服装产业就要传统许多。林典誉试图在商业价值和工艺创新间找到平衡点。几年磨合后，达利的设计能力得到进一步提升，且完成了供应链的升级。

第三个节点便是当下——通过科学化的管理，融合信息化及自动化，提升达利的效益。与此同时，在达利完善的供应链、销售网络、全产业链的基础上，围绕丝绸产业，融合科技与创意的睿创世界应运而生。

"今天如果你去问欧美大大小小的时尚品牌，最好的丝绸可以在哪里找到，他们一定会提起达利，如果去问中国时装品牌最好的丝绸供应商，我相信也会提起达利。"

能够自信地说出这番话，林典誉归功于改革带来的发展契机，"这就是供给侧改革，一方面以创意提升价值，另一方面以技术产生效益，平衡中得出新丝路"。

同时，中国良好的营商环境为达利的发展提供了土壤，40年来，达利将所有的利润用来扩大其在内地的发展，累计投入超过30亿元人民币，"办企业，我们带着丝绸情、中国梦，希望打造出丝绸与时尚的全产业链，让世界丝绸看中国"。

达利的情怀与使命

在越来越多的国家重大活动中，达利国际集团担当重任。

2008年北京奥运会，达利设计与制造的丝绸成为丝绸类产品特许经营商，在奥运会上代表中国丝绸亮相，让中外来宾爱不释手。

2014年APEC会议，21位国家元首偕夫人身着汇聚"传统与创新"的"新中装"亮相水立方，写下了永恒经典的一幕。精致、典雅的中式服装令世人为之赞叹，而这些华服的面料提供者正是达利国际集团。

2016年G20峰会，世界目光聚焦中国杭州。达利再次登上世界的舞台，为国家元首及6000名中外记者送上了一份承载着中国文化、杭州底蕴、达利情怀的国礼丝巾礼品，而所有国礼的创作设计与制作均出自达利国际集团旗下品牌"舒尚佳绫"。

人物 PROFILE

■达利展厅

近年来，随着"一带一路"倡议的深入实施，达利国际集团把古老的中国丝绸文化推广至全球，助力传统企业转型，提升丝绸文化的国际影响力。

……

正如林典誉所言，达利做丝绸带着家国情怀，也带着传承的使命，"达利以弘扬丝绸文化，重振丝绸辉煌为使命，目标成为一家能代表中国时尚的企业、代表中国丝绸的企业、代表中国文化的企业"。

要代表中国参与国际竞争，达利肩负着沉甸甸的责任。

以环保为例，达利建立了大型的废水处理厂，并达成废水处理后重新使用，减排50%的废水。为了进一步解决废水处理厂耗电的问题，林典誉提出并落实完成太阳能光伏发电系统，并入国家电网，实现真正的再生用水及再生能源的生态制造。

光是污水处理和太阳能发电系统，达利就投入了4000万元，"不仅仅是在丝绸制造上，在环保领域，我们也希望成为典范"。早在2006年，达利就已建成亚洲最大的太阳能集热系统、光伏发电系统、中水回用系统以及碳足迹等绿色环保节能项目，实现企业与社会的可持续发展，并被评为"中国环境保护示范单位"和"绿色模范企业"。

产业发展，人才是第一资源。2009年初，达利与杭州职业技术学院合作成立了达利女装学院，实现产学研一体的教学模式，填补了相关专业院校的空白。"我们根据实际需要设置课程。在学校里，学生能学到做版型、裁剪，也有从构图输入到电脑合成这些非常专业的课。"林典誉说，通过学院的窗口，希望传达给社会这样一个信号：丝绸文化需要传承。

与此同时，达利国际还站在更高的维度审视丝绸产业的发展动向——寻求自我突破，复兴中国丝绸之路。

当很多丝绸企业都放弃了工业的部分，转向三产时，达利却坚持将实业做大。"祖国支持外资企业、民营经济发展，对我们来说是强心针和定心丸。我们的产业布局正好位于杭州湾和粤港澳湾区，达利将扮演超级联络人的角色，架起一座桥梁，促进双湾合作。"

沿袭对生活的热诚，对艺术的感悟，以及对全球趋势的洞察，达利要把丝绸的根深扎中国，把情怀送到远方。

林典誉说，"我们的愿景是要成为世界第一的时尚及丝绸企业，以创意革新产业，以线上线下多渠道作为杠杆，以'互联网+'复兴古丝绸之路，助力发展'一带一路'，打造具有丝绸文化底蕴、富含社会责任的品牌企业。"

创新中国丝绸之路，达利国际集团付出了全部热诚。

责任编辑/楼燕红

■达利展厅

人物 PROFILE

宗庆后：机遇大于挑战

□邬爱其/文

> 宗庆后的成功在于他一直恪守两个务必——务必保持谦虚、谨慎、不骄、不躁的作风，务必继续地保持艰苦奋斗的作风。

娃哈哈2019年新品发布会上，宗庆后说："2018年在全体经销商和销售人员的努力下，我们恢复了增长。虽然产业结构调整对经济发展带来了一定的影响，但对娃哈哈来说，机遇大于挑战。"

在困难的经济形势面前，娃哈哈不但站稳了脚跟，还创造了逆势增长。2019年也许将会是娃哈哈扬帆再启航的一年。而恢复增长的信号，宗庆后已经等候多时。

在艰苦环境下成长的这一代企业家，大部分都务实而低调，宗庆后是最典型的一位。

有媒体称他是"布鞋首富"，即使身价过千亿元，低调、朴实的作风也分毫未改。

他非常务实，认为踏踏实实做实事最重要。

他总是身穿厂服，娃哈哈如今已是行业领军企业，但他依然在创业初期那栋毫不起眼的旧楼办公室办公。

有一次，全国劳动模范调查组处长来到位于杭州清泰街那栋娃哈哈的办公楼，看到简朴的办公环境，开玩笑地说："这栋楼，真不像中国一哥的楼啊！"

那时，宗庆后是全国首富，名声大噪，而这座陈旧简朴的小楼和"全国首富"形成了一种鲜明的对比。

实际上，这么多年来，宗庆后办公室里的陈设也没有变化过，在办公室里面，常设一张床铺，印证了那句话：宗庆后一生最大的爱好就是工作。

如今，娃哈哈拥有强大的现金流、庞大的产业帝国、稳定的运营体系，但我们在娃哈哈集团里依然看到一种如同创业初期艰苦奋斗的风貌。

在娃哈哈集团总部，我见到在厕所的墙上张贴着一张打印纸，上面清晰地写着换用纸巾的时间、用水情况、打扫情况等，不允许浪费的发生。

我不禁感叹，这么庞大的一家企业，最高峰时有800亿元的年收益。

人物 PROFILE

这是将奋斗精神镌骨铭心才能达到的一种状态,也是企业能够多年来保持良好的风貌和竞争力的最好表达。

务实:每年200多天在现场

宗庆后儿时过得十分辛苦,由于家境贫寒,他成年之后就离开了老家,开始了下乡生活。

15年的艰苦生活并没有掩盖宗庆后的锋芒,反而锻炼了他的意志和吃苦耐劳的精神。

娃哈哈在全国的网点都布满了宗庆后的脚印,一年中200多天跑现场对于宗庆后而言,属于家常便饭。

食品饮料属于快消类产品,唯快不败,这注定娃哈哈必须具有迅速洞悉市场并快速响应市场的能力。

勤跑市场可以直接接触到消费者,了解市场需求变化的特点,提高企业对市场的敏锐度。

因此,宗庆后大多时间都跑在一线,要么在新项目投产的基地,要么在销售市场。

宗庆后主动了解市场。即使是"非典"时期,他也未曾停下奔走在市场一线的脚步。

2003年,正值"非典"暴发,其他企业都放假休息,宗庆后从香港来到云南,做出了一个大胆的决定:在别人收缩的时候娃哈哈要主动进攻,主动把产品切到终端,抢先一步占领市场。

他一连考察了昆明、大理等地市场,非常辛苦,由于连日奔波和高原反应,同事甚至为他准备氧气袋,之后宗庆后更是一刻不停地跑市场。

事实证明,他的决定颇具成效,他的辛苦也没有白费。

宗庆后用心了解市场,做市场调研时,他会非常认真细致,是一个最仔细的市场调研员。

他会非常谦虚地和经销商一个一个地谈产品的售卖情况,以及公司的政策有没有致使商品质量出现问题等。

通过与经销商交谈,他就能最快拿到市场反馈的第一手资料。

他会仔细观察店铺和商场里产品的摆放格局和位置,细心观察顾客如何挑选商品,并时不时地和消费者及售货员聊聊,以进一步了解市场信息。

在宗庆后的带领和影响下,娃哈哈人也高度重视收集和分析市场的一手信息。

比如,娃哈哈的党政建设倡导"有为有位",即一定要有作为才有地位。

娃哈哈每年的"我为销售做贡献"活动,目的是培养企业的党员干部深入基层,提高其市场敏锐度。

在活动开展的过程中,各部门发现一线销售中存在许多平时生产、研发工作中不会注意到的细小问题。

当质检部人员当起售货员时就能发现销售现场有歪标的现象。

部分消费者反馈产品味道太浓、太甜等,研究院、生产部、质检部等部门听到这些来自一线的声音,回去后就开始反思自己的工作。

奋斗:最大的爱好是工作

工作是宗庆后最大的爱好。

一年365天,他几乎天天都在工作,出差、会议、走现场、作报告就是他每天的生活,困了就在办公室休息会儿,企业就是家。

他总是亲力亲为,深入了解工作中的每一个细小环节,从一根管道的粗细、一个阀门的型号,到每一款产品的研发,他都了如指掌。

创业早期,他更是一心扑在工作上,很少关注女儿宗馥莉,女儿放学回来就由几个同事帮忙照看一下。

几十年如一日,爱好工作的宗庆后养成了"宗式"工作特色。

※一是细心

宗庆后专注思考每一个产品细节,敏感性非常强,也十分善于取人之长,补己之短。

有一次,宗庆后原本想在澳大利亚的超市买燕麦片,但不太熟悉英文的他买回来的却是洋车前子。

他回来一冲泡,觉得这东西很好,经研究发现,这是代餐类的食品,于是,宗庆后马上想到,可以研制娃哈哈的新产品,由此就有了娃哈哈新一代代餐粉的诞生。

娃哈哈运营副总潘家杰说:"我们有时候看到一个产品,不会对它进行过多的思考,但宗总会去研究这个产品和我们的产业有没有结合度,这个产业方向是不是我们要开拓的方向。"

※二是耐心

宗庆后不仅自己认真工作,也注重要把关键的工作思路准确传递给企业员工,让企业高效协同。

他几乎在所有环节上都是专家,他会亲自布局和把控,为大家讲解,指导大家工作。

※三是用心

了解宗庆后的人都知道,他做事专注用心,喜欢亲力亲为。

有一次,娃哈哈销售公司副总经理王强林和宗庆后一起去成都出差,第二天一早,他发现宗庆后凌晨3点就起床工作了,因为当天要开座谈会,宗庆后早起写稿子和修改稿子。

宗庆后喜欢自己写材料,也喜欢用自己的方式来表达。

正如娃哈哈食品研究院院长李言郡所言:"我们老板喜欢自己先搞明白。"

宗庆后认为,有些工作自己都没有弄明白就请他人代劳是不妥的,无法让别人真正理解自己的真实想法,会影响企业高效运行。

再如,从2008年起,宗庆后不断派人去欧洲考察交流,并陆陆续续引进了许多人才。

中西方不同的思想、理念的碰撞给了宗庆后很多灵感。

宗庆后自己带队到最大的几家公司、食品学校、研究所进行调研,会问很细节的东西,绝不一知半解、囫囵吞枣。

※四是高效

细心、耐心和用心工作可能会以损失效率为代价,但宗庆后是一位高效率工作的优秀企业家。

宗庆后经常在全国各地出差和开会,行程安排基本上一天一个省。

每到一个地方,有时候当地政府有接待,间歇时安排开销售会议,销售会议结束后去看车间,看完车间后走市场,晚上再写通报、处理文件等。

他的行程一般安排得很满,但工作效率很高。

宗庆后喜欢高效率工作,就连召开全国销售大会的间隙时间也会充分利用起来,在其他人做经验交流时,他一边听一边写销售通报,以便及时布置工作任务要求。

坚毅:"你们看好公司,我去打仗"
※实干需要勇于挑战困难

"达娃之争"时,宗庆后有一句让娃哈哈人刻骨铭心的话:"你们帮我把公司管好,我出去打仗去了。"

当时有媒体认为宗庆后应该与达能和解,打下去会殃及员工,宗庆后则回答:"娃哈哈的所有员工我负责到底!"

人物 PROFILE

10多年后,我们问他,当时说这句话的底气是什么,宗庆后回答:"那个时候,我们的存款可以养到大家退休,我们有上百亿的存款。"短短几句话,就看得出宗庆后的底气。

宗庆后面对困难和挑战不屈不挠,不喜欢务虚,崇尚实干。这在"达娃之争"事件中体现得格外淋漓尽致。

※实干需要有强大的士气

宗庆后、娃哈哈及其利益相关者在"达娃之争"中都体现出了齐心协力、共克艰难的士气。

一方面,宗庆后为了不影响企业的正常生产经营,不向员工透露太多影响士气的事件进展情况。

娃哈哈工程部部长郭伟荣回忆道,"这些不好的事,宗总不会向别人说,反而老是说,'既是风险,也是机会',宗总怕打击我们的士气,所以他只是扛着,给大家鼓舞士气"。

在宗庆后坚强的带领下,达能事件期间,娃哈哈员工并没有受到太大影响,还是如往常那般有序工作。

另一方面,娃哈哈的经销商等坚定不移地选择跟随宗庆后。

2007年6月,宗庆后无法忍受达能董事的"欺凌与诬陷",高调请辞合资公司董事长一职,要腾出精力和时间来应对挑战。

辞呈公布的第二天,娃哈哈的全国经销商、市场部和供应部职工及乐维基地、秋涛基地、下沙基地的全体员工发表6封公开信,表达抵制达能和拥戴宗庆后的决心。

最富戏剧性的是,在达能的上海媒体见面会上,40多名娃哈哈员工统一着黄色上装,高举横幅,整齐地高喊"我们要宗庆后,不要达能"等口号。

余杭经销商徐少云回忆,达能曾经想拉拢他,但他却坚定地回复:"不管娃哈哈商标到哪里,我都是跟着宗总做。"

在娃哈哈和社会各界的共同努力下,2009年9月30日,娃哈哈与达能宣布双方达成友好和解,达能将其持有的51%的股权出售给中方合资伙伴。宗庆后漂亮地打完了这一仗。

宗庆后带领下的娃哈哈"大厦"不是一夜之间建成的,而是宗庆后和娃哈哈人30多年如一日的务实勤奋铸就的。

一是注重坚持在一线工作中发现和解决问题,不断积累经验和洞察力,使企业永远与市场同步发展;

二是注重通过细心、耐心、用心工作来提高工作效率,使企业拥有坚实、健康的运作基因;

三是注重本职工作,勇于接受挑战和突破难关,在齐心协力做事中凝练和检验企业文化的核心价值观。

责任编辑/楼燕红

杭州元弘投资管理有限公司

元弘投资为浙江省创业投资协会副会长单位、杭州市萧山区创业投资行业协会会长单位、杭州市萧山区创业投资基金业协会常务理事单位。已通过中国证券投资基金业协会合格私募基金管理人资质备案。主营业务为股权投资、参与上市公司定增、与上市公司投立并购基金等。

元弘投资主要合伙人均具有十年以上从业经历。在过往投资项目中为投资者带来了丰厚的回报。公司已投项目：曹操专车、时光坐标、远图互联等。

地址：杭州市萧山区湘湖金融小镇二期西区10号楼
传真：0571-88122783　　邮箱：21490986@QQ.com
电话：0571-88122781

元弘投资
YUANHONG INVESTMENT

人物 PROFILE

杨莅：纷繁世事，深情述说

□杭商全媒体记者 李 洁/文

人物名片

杨苡，杭州电视台生活频道副总监，播音指导（正高），杭州市政协委员。从事电视工作30年，策划、编导、主持的节目获全国电视文艺星光奖、中国电视新闻奖、五个一工程奖、牡丹奖等几十个奖项，撰写的业务论文获全国主持人金笔奖一等奖等奖项。被授予全国德艺双馨电视艺术工作者、全国城市电视台节目主持人新中国"60年60人"、全国"到人民中去"优秀志愿者、G20杭州峰会浙江省先进个人、浙江省首届十佳广播电视理论工作者、省牡丹奖主持人一等奖，杭州市首届十大文化人物、市文艺突出贡献奖、市新闻人物奖等荣誉。

"洞穿一切而不自我炫耀，机智风趣而不轻佻造媚，血脉贲张却又理智平和。"在众声喧哗中年积月累，杨苡对职业有了深刻领悟，匆促与迫切感消失了，她找到平和的出口。

1988年进入杭州电视台，她是懵懂的"闯入者"。

此后的时光，在主持人中，她一直是很特别的那一个——渴望在节目中融入自己的表达，一进电视台便兼任编导，以新锐的洞见赋予节目内涵；她有时"固执"，坚持自己执笔写串词，把每次准备的过程都视作创作的机会；她是杭州电视台职业身份最多的人，时刻保持向上的力量，这是她的活力来源，也是她用以对抗岁月变迁的策略。

工作的性质把杨苡推至聚光灯下。她把主持看作是指挥一台多声部合唱：明暗交织、喜怒相生，缜密的思维、丰富的情致，让每一个声部都激发起听者发自内心的共鸣。

回归生活，她有着朴实且深远的理想。工作让她与芸芸众生相遇，萍水相逢却聆听到真实的人间冷暖，她在感恩之余领会到生活的真谛。

也因为这样，镜头内外，杨苡追寻着浮华之中的素朴。于世事纷繁中，深情述说，哀矜勿喜。如常的美，让她流连。

天赋与宿命

采访安排在杨苡最"清闲"的二月。

在这个月的日程中，杨苡的工作包括每周三期的电视节目录制，两台大型活动主持，以及为即将举办的三八节大型活动做准备。作为频道副总监，日常的管理工作一如往常般繁杂。

人物 PROFILE

"忙起来的时候，一个月光是活动主持就有十几场。"在杭州文广集团17楼的办公室里，杨苾一身休闲的装扮，录制节目之外她很少化妆，牛仔裤搭配时尚卫衣，卸下职业的标签让她轻松自在。她说起话来温柔、敞亮，又干净利落，如她的个性一般——不喜欢被束缚，天性里向往自由。

杨苾和《杭商》记者分享起"清闲"的二月生活。假期给了她自由支配的时间，她带着家人去日本小岛散心，APP上的跑步里程达到近期新高。春节密集工作后的短暂休憩让她满足。

但事实上，工作于她而言，也是一种自在时刻。她和主持人这个奉献大半生的职业之间，是一种"冥冥中注定"的关系。在过去几十年的生命历程中，她每一时刻都在找自己。当命运图景向前推移，她总感到，"要和别人不同"。

与生俱来的语言天赋与好奇心让她保持游刃有余的状态，这一点在儿时就初见端倪。

比如，参加故事比赛这件事。

小学四年级，无心插柳，得了全区第一。当时，江干区组织故事比赛，杨苾懵然地被推选上去。在这之前，她与舞台最大的关联是作为语文老师的母亲曾参演过话剧，在语言上潜移默化地指导，善于表达或是母亲给予她的一种天赋。

此前，父母也悉心培养过杨苾其他爱好。学习了1年多书法，作品选到全国参展，但杨苾始终提不起兴趣。她热爱舞台，以往始终无法得到的成就感，很快通过话筒找到了。

初三时再参加故事比赛，杨苾尝试自己编排节目。"今天我做很多节目策划，想起来当初就有点基因。"她讲述陈毅的事迹，遇到人物对话就用四川方言演绎。惟妙惟肖的语言、新颖灵动的形式，让评委和观众眼前一亮，经过层层选拔，这一次，她站到了全市比赛的冠军奖台上。比赛照片刊登在《杭州日报》头版，她也因此参加了次年杭州市举办的元旦演出，那是她大型晚会的初体验。

对一个豆蔻年华的女孩来说，杨苾第一次获得外界如此重大的和明确的认同，这甚至改变了人生方向。

在接下去的几年，学校大大小小的主持任务自然落到了杨苾身上，高二时拔得头筹，她赢下全市中学生演讲比赛。这些经历激发着她的表达欲，她渴望从事表演工作，在光影世界中肆意挥洒。家中的杂志攒了厚厚一摞，都与电影有关。"如果不出意外，我会考上戏、中戏、电影学院，可喜欢可喜欢了。"

但插曲恰恰出现在高三那年。当时，杭州电视台《杭州学生》开播，种种际遇交织在一起，她成了栏目主持人。镜头前的杨苾思路清晰，谈吐晓畅，在指导老师们的眼里，"她就是吃这行饭的"。

那一年，浙江广播电视专科学校首届招生，杨苾放弃了考上的本科学校，学了播音主持，回忆起来，做出这样"就低不就高"的选择，也说不上被劝服。学生时代，荧屏前的自由表达在她心里埋下种子，她知道这是一条抒发心声的通路，且与真实的普罗大众更贴近。

另一个原因来自父亲的感染。从战地记者到党报记者，因为职业的需要，杨苾的父亲时常无休无眠地采访国家领导人和平头百姓，这成为镌刻在她记忆中最伟岸的父亲的背影。老一代新闻工作者是她的启蒙导师，指引她一步一步地走向自己的人生。

有时候她甚至觉得，这样的职业选择是宿命，带着家族的血脉和信仰，让她无法抗拒。

打磨

天赋仅给予一些种子。杨苾是一块璞玉，有赖于时间打磨。她安于其业，专于其业，赢得多年持续性的掌声。

■杨莅主持第五季杭州湾会客厅节目——《教育的初心》　　记者　徐青青摄

小学三年级，第一次上台，"未来之星"尚且青涩。在全校师生面前朗读拼音报，疙里疙瘩，腿啪啪在抖。早年的惶愧为她带来受用一生的启发。她将怯场归结为疏于准备。"凡事预则立"成为她日后对待工作的态度。

再谈起初三时的那场故事大赛，被杨莅形容为"鬼使神差的""自然而然的"努力变得有迹可循。"每天下课就反复琢磨，跟着隔壁的邻居学四川话，一个个字句抠下来，觉得就得好好准备，当时就是这样想。"

少年时的执着，在一次次试练后成为惯性，陪伴她度过了播音主持的学习时光以及之后的职业生涯。

80年代的校园属于理想主义，那是杨莅至今惦念的纯真年代。对于知识的渴求，对于未来的憧憬，对于生活的热爱，为那充实而饱满的两年定下基调。

因为入学时的专业成绩不尽如人意，很长时间里，她在自信与自我怀疑之间反复摇摆。有时，来自前辈的肯定让她觉得自己具备天赋——开学一个月后她得到《浙江新闻联播》的实习机会，不到20岁的她已经坐到了省级媒体的主播台上。但又有些时候，分数带来的落差感潜伏于内心，"没办法的，那就只有更努力了"。

低调和勤奋是她大学时期的关键词。6点，天蒙蒙亮，便开始雷打不动的一小时练声，全班20来人，占据了校园的每个角落。老师尽心尽责，每天轮着班陪着练。到了晚上，学校安排了满满当当的培训班和讲座，杨莅从

人物 PROFILE

■ 工作中的杨苡

不缺席。"很充实,语言这个东西只有靠练、靠磨。"时刻被新知滋养,她觉得,这样的状态真是美好。

许多年之后,入学面试的心结解开了。杨苡当年的表现其实很不错,只因为一些专业之外的误会减了分。了解始末后她没有纠结,努力带来的获得感早已驱散黯淡时刻。

1988年是一段新故事的开启。当时正值杭州电视台快速发展时期,虽是初出茅庐的新兵,她却获得了大量实践机会。

在外界看来,杨苡从一开始,就有着很多同行没有的幸运。入台初期,杨苡与刘忠虎搭档主持当时颇具影响的《观众之友》,同时她还是《杭州新闻》等栏目的主播,在荧屏一线崭露头角,赞誉纷至沓来。但旁人所不知的，在荣耀背后，是忙碌的常态、汗水的加持，也是敢为人先的睿智。

没有所谓命运的依仗，面对真实粗粝的人生，她需要自己做抉择。自进入杭州电视台，她就有一种意识，不可以只做播音员。媒体人的"天赋"督促着杨苾走到幕后，不同的身份从她入职伊始便层层叠加。

"主持人不是提线木偶，只是被动地说和动，而要通过自己的消化，更好地体现节目内涵。"赋予节目想象力、灵感和创新，杨苾渴望更有自主权地进行价值观的表达。她很快主动请缨，在主持工作之外，成为《观众之友》的编导。

深入基层，杨苾在栏目的起承转合间找到节奏感。头两期节目，正好赶上过年，她跟着杭州铁警一路坐火车到广州，记录下人民卫士的仆仆风尘。她还在列车上录制了杭州年味的特别节目，30年前的创意在今天依旧被沿用着。

对杨苾而言，采编意识的全面觉醒，当始于1994年。当时，杭州台推出了首个晨间栏目《杭州您早》，她担任该栏目的责任编辑和主播，成为真正意义上的"三合一"。由于采编任务繁重、人手紧缺，她需要每天外出采访、回台编稿、写串联词、主持节目、合成审片，长期处于高负荷运转中。

1999年，早就习惯于台上纵横捭阖、台下闲云野鹤般生活的杨苾，被领导点将，去新成立的影视频道担任活动部主任。杨苾至今记得语言风趣的老台长"忽悠"她换岗时的诤言：这不是为了去当官，而是可以带领一群人去实现共同的电视梦想。

那些年，杨苾在能力上实现了自我认知与飞升，电视人的理想破茧而出。如今她对于节目中转折、高潮、冲突、变化的把控，大概都与工作之初的"自寻烦恼"有关。

30年过去了，杨苾已成为杭州电视台生活频道的副总监，这个听起来很有权力感的名头，并没有让她为自己松绑。她依旧是与自我较真的杨苾，同事们眼中的"拼命三郎"。

分管着《生活大参考》《新锐杭商》《相约健康》等每天近3个小时的栏目与大型活动，她在意丝丝入扣的细节，凡事都亲力亲为。她常在灯火阑珊时创作，以此探索节目的温度与生命力，每年120场左右活动，主持稿摞起来有1米多高，隽永的手稿铺陈开她的心路历程。

显然，岁月没有改变她对待工作的真挚之心。心无旁骛，事必躬亲，这样的"打磨"对她来说，是一辈子的事。

■ 工作中的杨苾

人物 PROFILE

■ 从战地记者到党报记者，因为职业的需要，杨莅的父亲时常无休无眠地采访国家领导人和平头百姓，这成为镌刻在她记忆中最伟岸的父亲的背影。

深刻的

2013年，杭州市首次举行"十大文化名人"评选，杨莅是此项殊荣获得者之一，与她同时获评的文化大咖还包括王冬龄、朱炳仁、吴山明。有意思的是，当她上台领奖的时候，晚会的主持人交给杨莅一个临时性任务：自己采访自己。

接过话筒，杨莅认真提问："和那么多真正的文化大家、名家在一起，被评选为文化名人，会不会觉得自己做电视节目有点儿底气不足？"她又随即回答："文化并不是高深莫测的，而是代代相传的价值观，本来就根植在老百姓中。我们的工作是一座桥梁。我很幸运，可以和广大电视工作者一起，把群众工作中的亮点提炼并展现出来。"

有人将从事新闻工作比作坐过山车，而杨莅正是坐在第一排的人。她记录着、述说着大时代的升腾与陨落，同时参与其中，亲历了一个个难忘的瞬间。那些深刻的过往，如岁月的激流，饱蓄着洪涛大浪的气象。

1991年8月13日，杨莅主持"绿叶情"浙江青年演艺界爱国救灾汇演晚会，那是杭州电视台的第一次直播活动。晚会邀请了在抗洪救灾中不幸遇难的烈士周丽平的父亲。这位父亲毫不迟疑地将500元抚恤金捐给了儿子生前所在的连队，并准备让小儿子继承兄长未竟的事业。让杨莅更为感动的是，直播结束后，现场赶来了上千位杭州市民，他们自发捐款，致敬英雄。那份感染力至今让她动容。

1998年夏天，长江遭遇了一场空前的洪灾。杨莅奔赴九江抗洪第一线，站在用沙袋垒起的舞台上和抗洪勇士共度四个难忘的日日夜夜。她原本的任务是参加慰问演出，并担任一台直播节目的主持人。但那些日子里，她亲身感受到了生与死的考验，战士们空前热烈、激昂、动情的氛围强烈地包围着她。她组织起战地采访组，奔波在大堤上下，留存下部队官兵和九江市民的珍贵影像，这才有了之后感动人心的系列片《九江日记》。

另一场硬仗在"非典"时期。在杭州疫情发布的第二天，她便起笔创作，拍摄了杭州电视媒体中首个以文艺形式反映抗击"非典"的30集情景剧《非典型剧场》，被誉为"杭城传媒的一次快速反应"。她带着几十人的创作团队与时间赛跑，从策划到播出仅用了4天。在这之后，剧中贴近生活、诙谐幽默的表达方式被延续下来，《开心茶馆》的创意就受到《非典型剧场》启发。

时间的紧迫感，在筹备G20杭州峰会的15个月里，再次向杨苡猛烈袭来。2015年6月，她加入G20杭州峰会文艺活动部工作，担任《最忆是杭州》导演统筹和策划，她的工作包括设计制作各国元首的节目单和邀请函，同时负责夫人伴宴活动总联络。通过几十个工作群，她每天都要接收或发送数百条工作指令，持续的排练、会议、研讨，交织成案牍劳形的日日夜夜。以节目单、邀请函的制作为例，32个语言版本，不容许丝毫偏差。字体排版的问题没能解决，她三天三夜没有合眼。与各国大使馆，各语种专家反复求证，确保方寸之间的精准。顺利完成G20杭州峰会的工作重任后，她在总结中写道，"这不仅需要天时地利，更需要洪荒之力，感谢团队给予我的包容与帮助"。

对于事业的热爱，在更多频繁的奔波中显现。多年来，杨苡跟随省文联、省文化厅、市委宣传部、市政协、市文联、市文明办等组织的文艺演出队，策划、参与了送欢乐下基层、

■杨苡主持第二季杭州湾会客厅节目——《交通，大湾区生命之脉》　　记者　徐青青摄

人物 PROFILE

到人民中去、文化走亲、欢乐农家、欢乐奥运进农家、社区艺术节、文化下乡等活动，把一台台格调高雅、精彩纷呈的文艺节目呈献给普通老百姓，足迹遍布浙江的山山水水。通过舞台和镜头，介入了普罗大众的生活长河，她体会到工作的深刻意义——汲取时代的养分，指引潮水的方向，是她作为媒体人的荣耀与担当。

这些年，常有盛情的橄榄枝递到杨莅面前，她都一一回绝了。对此她解释说："不想让一场正渐入佳境的好戏就此断片，更不想在还心怀电视梦想的时候让钟爱的事业戛然而止。"

"坚守这份事业，您从中最大的收获是什么？"《杭商》记者问她。

她和记者分享了早些年在浙江美术馆的一场《先生回来》致敬展，当时展出了10位民国教育大家的图文、手迹和影像，带领观众走入历史深处。杨莅对致敬展的标语记忆犹新——他们的背影，一个民族的正面、一个时代的证明。

"也许我们永远无法企及前人的高度，但在社会行进过程中，发出这个时代的声音，是我们可以做的事。我会一直做下去，又觉得这是我特别愿意做的一件事。"

当下的自我

采访前在网络上搜索资料，杨莅的个人专访寥寥无几。站在采访者的视角，她却贡献了大量极具价值的访谈。述说着世间繁杂，而自己的喜怒哀愁，她很少在大众面前展开。

起伏跌宕的故事没那么重要，华靡的聚光灯没那么重要。最重要的是倾听与感受，做好时代的记录者。

在杨莅看来，与时代对话，亦是反观自身的过程。通过与他者的碰撞，看见自己，认识自己，做回自己。

在众多的碰撞中，与宗庆后的交流是深刻的一击。坐在杨莅面前的，是一位穿着工作服、黑布鞋，朴实温润的长者，双手紧握椅子把手，采访时略显紧张。但而后，宗庆后对于财富的理解让杨莅震撼。他的办公室在一座老旧的6层小楼里，会客桌上摆满了各式饮料样品，仅有的电子设备是4台计算器。"我问他如何看待金钱。他说我不用钱，也没机会用钱。他把盖公司大楼的钱投入到生产线中，创造新的社会财富。"将观点反弹到自己，"我们又有什么理由不努力呢"？

抛给采访对象的问题也是她的自我叩问，每一期访谈都像是她的人生速写。最近几年里，杨莅的工作节奏不断加快，千头万绪的工作找到她，促使她抵达新的爆发期，她如一个"工作狂"般穿梭于演播室与舞台之间。她相信越努力越幸运，对优秀的主持人而来，持续学习是一种共性，每一份付出都是底气的来源。

一家颇有江湖地位的媒体曾经提出一句口号："高度决定影响力。"杨莅对此的解读是，媒体人要用独特的视角、独立的见解、独到的思考观察社会、关注人群。对职业怀着深远认知，从容面对行业转型，她视其为一种契机。"新的媒介一点都不可怕，反而是机遇。对于电视人来说，扎实的内容、活跃的思维，能在全媒体时代拥抱更大的空间。但首先，你自己不能掉队。"

充实的常态让她在精神上感到富足。例如策划会，四五个小时的争锋，是难能可贵的思辨。"集思广益，再融合、再改变。节目策划不是一个人拍拍脑袋堆砌文字，它必须是鲜活的，是集体的智慧。"在会议室待久了，杨莅便把办公室转移到24小时便利店，带着栏目组的同事换换脑子——不打烊的空间给她安全感——会议必须有实质的成果才能终结。

她也不总是紧绷的。曾经执拗，如今经过岁月的拆解，她尝试着和自己和解。

在工作上，她评价自己严于律己，却不够宽以待人。但凡担任节目总导演，她要求每个细节精益求精，细微的失误都会触动她的神

记者 李 靖摄

经,"(彩排)没有不发火的时候。"以至于到了拍摄宣传片时,有同事开玩笑说,抓拍她发火的镜头最适合。这种执着带来的结果是节目零失误,但如今,她觉知到松弛的魅力,"对节目要求依然很高,但是对人没有原来那么苛刻了"。

"慢下来"是她最近的处事原则。尽管没能从驳杂浩瀚的工作中抽离,但她试图做减法。她珍视工作上遇到的人,那些渺小的、平凡的、热烈的生命,或许不是英雄,却是时代的广大负荷者。"他们教会我如何对待生活的酸甜苦辣,以及如何认识生命的真谛。"

她和记者聊到内心GPS。她说,其实人的内心,有一个天然的GPS,走到哪里,应该做什么,都有心向。这种"心向"帮助她挣脱世俗的枷锁。她从不设定高高在上的目标,于她而言,自如地生活,比瞭望将来更亲切、更具意义。

见过无数的人生飞扬,她太明白,如常才意味着永恒。这些年,她花更多的时间与家人相处。陪着75岁的老母亲出了国。"如果一定要定目标,希望这两年,多陪伴妈妈,到更多的地方走走。"静观世界,深情地生活,亦是她对当下自我的精神洗礼。

责任编辑/楼燕红

人物 PROFILE

孟宏亮：投资人的品格

□杭商全媒体记者　邹　芸/文　徐青青　李　靖/摄

从钱江新城到湘湖金融小镇，这段路孟宏亮和他的元弘投资，整整"走"了4年。

4年前，他从萧山出发，来到钱江之畔，眺望着一江春水滚滚向东，开启了全新的创业人生；4年后，他又带着元弘重回萧山，回到秀美的湘湖之畔，凝视着一汪碧水涟漪荡漾，踏上了又一段新的事业征程。

4年时间里，他已带领着元弘投资，从杭州创投界的新秀成长为行业里崭露头角的企业。但他依旧是低调的、务实的。他的眼里，投资行业并没有外界看起来那般绘声绘色、亮丽光鲜，更多的时候，需要沉下心来，用最专业的态度，发现项目、对接资源。

资本是把"双刃剑"。耕耘十几年，他太知道资本是何等强大的力量。所以，审慎而稳妥，便是他一路行来的制胜法宝。

■ 担当

在孟宏亮的新办公室里，有一幅他的油画肖像。画上的他，穿着深蓝色西装，手持话筒，目视远方，意气风发。

这幅画所定格的瞬间，是2017年11月28日。那一天，在杭州元弘投资管理有限公司、杭州汇宇投资管理有限公司、杭州中广遥光企业管理有限公司、杭商传媒的共同努力之下，萧山区创业投资行业协会正式成立。作为主要发起人之一，孟宏亮被推举为首任会长。

从那时起，回归萧山的打算，就被提上了元弘投资的发展议程。

于孟宏亮本人而言，回归萧山，不仅是一个单纯的选择，更是心中一个萦绕已久的情结。生于斯，长于斯，从入行起，他的事业轨迹就与萧山密不可分。待到创立元弘投资，尽管当时他将公司选址在高楼林立的钱江新城，但凭窗而望，便是钱塘江对岸的日新月异，澎湃崛起。

像是命运暗中写下的隐喻，当元弘投资发展到第四个年头，当公司的种种架构已然雏形初具，那个远眺的身影最终选择了回归。于是，在秀丽的湘湖之畔，在静谧的眉山脚下，元弘开启了新的旅程。

事实上，这个时刻把萧山人"勇立潮头"的精神烙印在行动中的投资人，在搬回萧山之前，内心深处从未与这片广袤而坚毅的土地分离。

"回家的感觉真好。"回归萧山，他如斯感叹。

但他的心愿却并没有因为回归而了结，恰恰相反，回归只是他往后新征途的最初一步。而以后迈出的每一步，他都将使命与担当一起拓印在萧然大地之上。

人物 PROFILE

事实上，从起意创立萧山区创投协会开始，他就已经将近1/3的精力放在了协会的工作中。尤其是在过去的一年里，他倾尽全力让这个萧山人自己的创投协会完成了从0到1的成长。尽管过程中也有小坎坷，但他说自己做这件事，是心甘情愿的。

"时间的确是花了不少，不过成就感也是很强的。"如今，这个协会已经凝聚了53家创业投资机构，更重要的是，这些因为彼此认同而聚集在一起的企业，都希望能够在萧山转型升级的历史进程中，书写更有作为的一笔。

作为会长，孟宏亮自然要承担更多一些。而首当其冲的工作，便是对协会所有成员单位的深度了解。"首先是对各成员单位运营模式的了解，其次便是对各单位投资偏好的了解，比如有些企业喜欢投前期，而另一些企业可能偏好于一些已经成熟的项目。只有对这些情况都了如指掌，协会才能更好地为成员单位对接资源。"

同时，为了助力萧山区打造更好的营商环境，孟宏亮也在投资人与政府之间架起了一座对话的桥梁："比如我们会向政府反映，希望萧山成立有政府参与其中的创投基金，在面对一些大项目时，能够汇集各方力量。"

在他与协会成员的共同努力下，成立仅一年的萧山创投协会，已经逐渐显露出所蕴藏的巨大能量。抱团相依，聚力而行，他相信当协会发展得越来越成熟时，一定会成为促进萧山发展的重要力量。

■ 审慎

元弘的大本营，如今坐落在湘湖金融小镇一幢古雅的别墅内。与之毗邻的，是数家在业界同样享有盛誉的投资机构，龙盘虎踞，高手云集。

身处此间，孟宏亮倒不觉得有太大的竞争压力。他不否认彼此间存在的竞争，但他更愿意以竞合来形容与同行们的关系。

事实上，他在入驻湘湖金融小镇后，交给自己的一项重要工作，便是带着萧山区创投协会的使命，去走访他的这些近邻。

"其中有一些企业已是我们的成员，但还有一些企业，我们希望能够吸纳他们加入创投协会，一起为萧山的发展做点事。"他告诉记者，创投界的企业其实都有着自己的专长与"短板"，因此，投资人与被投资者之间恰到好处的契合至关重要，"所以，投资公司彼此间的合作能够促成最适合的'良缘'"。而匹配度高的投资关系会让双方都从中得益。

并且，在许多情况下，几家专业的投资公司彼此联手，也会让投资本身变得更理智、更有保障。他以尽职调查为例，向记者解释道："每一家公司在做尽职调查时都一定会尽可能全面仔细，但每一家公司的方式方法都会有所差异。"所以，当几家公司联手进行尽职调查时，往往能够对项目有更完整、更精确的认识，这对降低投资风险显然是极有好处的。

水能载舟亦能覆舟。

资本是把"双刃剑"的道理，在过去的一年里，因为摩拜的风生水起、ofo的轰然倒下等一系列事件迅速被普罗大众熟知。两家共享单车巨头天壤之别的命运轨迹，也激起了资本市场的冷静反思。

作为在投资行业浸润了十几年的行内人，孟宏亮看过太多"成也萧何，败也萧何"的例子。因此，他更加慎重地对待每一个投资决策，并在后续的管理中保持专业的态度。

"对元弘投资的项目，我们都不仅是出资这么简单，更多的时候，是在为企业对接资源，帮助企业达到预期的发展目标。"他对记者说，"的确会存在有些企业在得到一笔投资后，出现浮躁或者冒进的情况，也会有资方的不当引导，导致企业的发展偏离预定轨道。但不能因为这种情况的出现就认为资本是洪水猛

兽,毕竟资本是助推企业步入发展快车道的最强大动力之一"。

为了让元弘的投资风险得到有效的控制,孟宏亮制定了一系列的保障措施。"比如尽职调查,这就像是体检,虽然不能保证未来的健康,但至少能够确保在投资发生的时刻,这个被投资的对象是安全的;再如回购条款,当企业运作出现问题时,企业家同样需要承担连带责任等。"

即便如此,他依然一再地告诫出资方,投资有风险,一定要谨慎而为。"我从不允许元弘的任何人对外去宣传股权投资优于其他投资理财行为这个理念,我认为股权投资可以作为资产配置的一部分,但比重也不宜过高,最好不要超过总资产的30%。"

他的诚恳与务实,让元弘从最初的重重险阻中顺利突围,也让诸如开元酒店集团、阳光电源这样的标杆性企业向元弘递来了"橄榄枝"。

■ **素养**

成为一个优秀的投资人,究竟需要哪些素养?

面对这个问题,孟宏亮不假思索说出的第一个词,是勤奋。天道酬勤,这个放之四海而皆准的道理,在投资行业,显得更加弥足珍贵。

这个与金钱靠得最近的行业,也最容易心

人物 PROFILE

浮气躁。但唯有沉下心来，踏踏实实地付出，不问辛苦，才有可能收获真切的回报。

孟宏亮深谙此道。所以，你能从他的朋友圈里看到，大年初二，他便在湘湖之畔与阳光电源的董事长曹仁贤洽谈工作；你也会看到临近深夜，他依然在工作，在思考。

勤奋之外，他认为投资人第二重要的素养便是专业。"这个专业并非一定是金融专业，而是一定要有所专长。"为此，他在元弘的团队搭建时，也不拘一格降人才，吸纳了不少跨专业的复合型人才，与他一起，为每一个投资决策把脉。

第三是终身学习的能力。这是一个需要紧跟社会发展的行业，任何一步落后，也许带来

■ 元弘的大本营，坐落在湘湖金融小镇一幢古雅的别墅内。

的就是毁灭性的后果。所以，终身学习便是必需的品质，大到国家的政策法规，小到最新技术的基本原理，无一不需要学习了解。在孟宏亮的眼中，这些积淀就像是中学时英语老师口中常说的"语感"。"学得多了，项目看得多了，这种感觉也自然而然就来了。"

而与上述三种素养同样重要的，还有资源对接的能力。做投资，尤其是创投行业，早已过了投入资金即可的年代，对接资源，当好陪练，是项目成功的重要因素，更是对投资人能力的终极考验。

■ 磨砺

凡是过往，皆为序章。

于刚刚率元弘搬至湘湖金融小镇的孟宏亮而言，这句话或许最能概括他此刻踌躇满志的心境。

在过去的4年里，他带着团队不断打磨、不断拓展，像一颗饱满的种子，为成长、为参天大树蓄积能量。

4年磨砺之下，元弘整体架构搭建已具雏形，下设隆启投资、弘础投资、弧线投资、九垒投资四大平台，其中无论是元弘投资本身，还是弘础、隆启，都已通过中国证券投资基金业协会备案，弧线投资与九垒投资也已在备案过程中；公司的部门设置和人员配置也更加完善，60%以上的人员均已通过基金业协会注册登记考试，专业素质过硬。更关键的是，公司的种种制度得以健全，为后续的爆发提供了保障。

而公司所投的项目如曹操专车、时光坐标等，均已实现较大幅度的保值增值，为投资者创造了较好的投资回报。

曹操专车自不必说，这个可谓含着"金汤匙"出生的品牌，自落地起，就备受关注。如今，杭城大街小巷的曹操专车，让"说曹操，曹操到"的便捷出行成了现实，也让孟宏亮的投资收益颇丰。

而元弘所投资的另一家创业公司——时光坐标，虽然并不广为人知，但在业界的潜力却不可估量。这家从事电影电视剧电脑特技、后期制作、电脑动画片、电视广告、电视栏目包装的专业制作公司，是在威尼斯国际电影节上被誉为"张艺谋最惊艳的电影"《影》的视效团队。这个团队以最"中国式"的水墨丹青描绘了一幅"东方极致美学"之作，也让世界的电影圈看到了中国视效技术突飞猛进的发展。

更值得一提的是，2018年，元弘投资与萧山的标杆性企业，也是中国最领先的酒店集团之一——开元达成了合作协议，双方将在投资领域展开具有整体性的深度合作。"这个合作不仅是说开元成了我们的资方之一，他们更将全面参与到我们旗下平台弘础投资的运作当中，也就是说，未来，弘础这个平台将成为开元在股权投资领域的重要抓手之一。"融合开元的影响力与元弘的专业度，优势互补之下，后续的故事自然充满想象。

不过，在孟宏亮的眼里，再远的未来，也需要一步一个脚印才能安稳抵达。

"虽然元弘已经成立4年了，但是我更愿意把2019年当作公司发展的'元年'。"孟宏亮说。再次出发，他显然比4年前更为胸有成竹。

运筹帷幄，决胜千里。他为元弘设立了发展的"第一个五年规划"。在他的设想里，未来5年，元弘将在老本行股权投资之外，积极拓展并购基金、上市公司定增等业务。"三驾马车"并驾齐驱，将带领着元弘奔向更壮阔的未来。

责任编辑/楼燕红

人物 PROFILE

黄曼：奋战生死间

□杭商全媒体记者 邹 芸/文 徐青青/摄

专家名片

浙江大学医学院博士生导师，浙江大学医学院附属第二医院综合ICU主任。同时担任中国研究型医院休克脓毒症学会常委、中国老年学会急症分会常委、中国医师协会体外生命支持协会委员、中国医学会急症医学危重症学组委员、中国老年学会重症分会委员、浙江省重症医学分会委员、浙江《中华急症医学杂志》编委。主持及主参多项国家自然基金项目和省部级课题，在急危重病的救治上有丰富的临床实战经验。

黄曼发脾气了。

为手下医生不够完美的处理方式，平日里总是笑言笑语的她在早会上声色俱厉，诘问连连。科室里的医生默默地站在她的对面，他们都知道，在黄主任的眼里，任何没有做到"最好"的工作，都是不能接受的。从医20余年，她对"最好"的追求，从来都没有松懈过。

"最好"是什么？对黄曼而言，"最好"就是要把最有效的时间、最有效的资源用在最需要的病人身上；"最好"就是抢抓最佳的治疗时间；"最好"就是要给病人最适合、最高效的治疗方案；"最好"就是要尽最大努力让生的希望变成现实，让每一个生命都被敬畏、被善待。

尽管因为对"最好"的执着，有时让黄曼显得分外严苛。不过，很快她的同事们就发现，天生就长着一张笑脸的她，其实很温柔、很温暖，尤其是对待病人的时候。

■ 浙江大学医学院博士生导师，浙江大学医学院附属第二医院综合ICU主任黄曼

人物 PROFILE

■ 黄曼主持早会

用尽全力

这是一个没有硝烟的战场，病魔与死神环伺其间。

这里的大多数患者，都被数台仪器包围着，处在昏睡的状态。仪器们发出此起彼伏的滴滴声，任何一点异常的声响，都会让穿着ICU急救服的医生踩着被戏称为"风火轮"的平衡车迅速赶来，投入战斗。

相较于医院的其他科室，ICU的病房似乎特别安静。但安静的表面下，搏击死神的战役随时随刻都有可能发生。

的确，在大多数普通人的认知中，ICU是医院里一个让人畏惧的地方。似乎进入ICU，就等于宣判死神的即将降临。但在ICU工作了十余年的黄曼却认为这里充满希望。

"在ICU，我们一般会收治三类病人，第一类是来医院时已经是急危重病人，需要抢救的；第二类是各类专科疾病的危重阶段或出现一些其他系统的并发症病人，从其他专科转来的；第三类是手术难度极高或患者有严重基础疾病需要普通手术的病人，为了更好地保障他们的生命，帮助患者度过围手术期。"她告诉记者,"不管是这三类人中的哪一类,救活的病人也远比没有成功的要多得多。"

浙医二院滨江院区的ICU,有40张床位。这个规模,在同级别的医院中并不算小,但这里依然是常年一床难求的状态。因为资源有限,黄曼更不允许自己在面对病人时有半点的马虎。

"我是一个很用力的人。"从说出"健康所系,性命相托"的医学生誓言起,在面对病患时拼尽全力,就成为她最自觉的实践。

她的嘴边,总是挂着这样一句话:"好医生都是病人教出来的。"为此,在每一个和病人相处的时刻,她都细致而耐心。在她的心里,观察病人并无诀窍,最好的方式就是靠近一点,再靠近一点。

每天早上的查房时刻,走路风风火火的她,每到病人的身边,就会放慢速度,言语温柔地叫着病人的名字,仔仔细细地检查病人的救治情况。有时,当她看到病人的仪容不是非常整洁时,即便病人还没有清醒的意识,她也会嘱咐护工,为病人洗洗头、擦擦脸。

她说,在ICU的日子里,她就是这些病人的"自己人"。她的心时时刻刻都牵挂在科室里,"在ICU,什么情况都有可能发生,也许上午还在与你谈笑风生的病人,下午就突然不行了。但我经常讲,没有突然发生的情况,只有没有发现的问题。因此,ICU医生必须要细致细致再细致,一定要尽可能地去发现病人可能存在的问题。"

十几年的经验,让她对病人的细微变化非常敏感。有的时候,当她也找不准病人究竟有什么不对劲的时候,科室里的医生们,就会发现他们的主任,一次又一次地去查看那个病人。而当这种情况出现时,他们就知道,这个病人需要多关注一点,直到那些细微的变化被一一发现。

用尽全力,也已经成为她的人生习惯。

8小时之内是如此,8小时之外,也并不例外。除却ICU医生的日常工作,作为主任,她还需要处理科室里大大小小的事务。而在浙二这所研究型附属医院里,身为博导的她,也有不少的科研与教学任务。

"每周一的晚上,是我和我的学生们一起吃饭,一起学习的时间。"面对学生,她同样是全身心付出的,"人家把孩子托付给你,你就必须要负责。这些医学院的孩子又学得这么辛苦,你不给他们一些关心和支持,他们怎么能坚持下去呢。"

ICU高强度的工作、主任的职责、科研与教学的压力,将她的睡眠时间挤压到每天至多5个小时。她的学生们也开玩笑地说,在黄老师的世界里,晚上十一点前睡觉是可耻的。这让她成了一个只喝美式的"咖啡控"。每天三五杯浓咖啡,是她生活中最不可缺少的滋味。

她的手机,唯一无法接通的时刻就是在飞机上。每一次出差,当飞机降落之后,她就会第一时间恢复通信,而打出的第一通电话,从来都是给同科室的医生。

"人可以离开医院,但病人绝不能离开脑子。"这是她作为一名ICU医生的责任心,也是她挑选医生时的唯一标准。

"这就是这个职业的特殊性,有时病人家属着急了会说,如果你家里人这样了,你会不管吗?这是气话,有些年轻医生听着也会觉得刺耳刺心,但我觉得这句话说得特别对。"她解释说,"如果真的是你的家人住在这里,不管是不是休息时间,你都会打个电话来问问。如果有状况,那你一定会赶过来。作为家属,这是一定的;作为ICU医生,这是必需的。生生死死托付在你的手里,没有极为高度的责任心,怎么能够承担呢?"

当然,成为优秀的ICU医生,责任心是最重要的,但仅有责任心,是远远不够的。ICU医生的每一天,几乎都可以用险情跌宕来

人物 PROFILE

形容。搏斗生死间，修行路漫漫。精深的专业素养、通力合作的团队精神、冷静又理智的强大内心以及对时间的把控和统筹，缺一不可。

当两个病人同时发生心脏骤停，而医疗资源又有限的情况下先救哪一个？这个看起来难以抉择的问题，对ICU医生而言，并没有太多的纠结。"这种极端的危急情况下，除了同步呼叫救援支持，哪一个情况更危急，哪一个对病人愈后的意义更大，就先救哪一个。"这样的选择，也许听上去有些残酷，但就医疗的公平性而言，无疑是最佳而且唯一的选择。

敬畏生命，是医生的第一品格。在ICU，这句话的重量要更添几分。除了自然规律与医学局限性所造成的死亡，黄曼并不能接受其他任何原因而带来的生命逝去。在那些拼尽了全力也没能挽回生命的时刻，一向积极乐观的她，也会被打到情绪的谷底。"我会觉得自己没用，会设想如果换一个更厉害的医生，这条生命是不是就还有机会。"低谷之后，她会迅速地调整好自己的状态，"如果这一个病人我没有救活，我就会对自己发誓，遇到下一个同样的病人，我绝不让他死。"为了践行对自己的承诺，每一个病患，无论成功或是失败，她都会花时间与精力去回顾总结，并在自省中，为下一次的赢增加筹码。

五分钟的信任法则

因为特殊，ICU的病人与家属之间时常无法进行交流。在短暂的探视时间里，看着至亲至爱，遍身管子地被一台台仪器包围，揪心与慌乱，是肯定的。

这就让ICU的医生，在救死扶伤的本职工作外，还需要做好与家属的交流沟通。对于这项在黄曼眼中"太重要"的工作，她也有严苛的标准——五分钟内建立信任。

"因为你必须要用最少的时间赢得家属最大限度的配合，才能用更多的时间来发挥你的专长，真正为病人做诊治。"深谙在ICU工作就要争分夺秒的她，永远都需要把最有价值的事排在最优先的位置上。

在浙二ICU的谈话室里，并没有常见的设于医患之间的围栏。两张弧形的小桌分立两侧，桌边摆放着几把椅子，墙上的风景画温馨而宁静，几盆蓬勃生长的绿植，似乎在提醒着人们生命的价值。

这样不寻常的布置与摆放来自黄曼的坚持。在她的眼里，那道物理上的围栏会映射在医生与患者家属的心里，让彼此从一开始就处于对立的状态。"可我们之间的关系，原本应该是平等的。有了平等与尊重，信任才有可能存在。"

在每一场谈话之前，黄曼都会以专业的标准，充分掌握病人的全部信息。"这样，你在面对家属时，他们会觉得你是认真的、负责的、可以托付的。"

然后便是够坦诚。她会坦诚地告诉家属，自己的局限性跟能力所能够达到的最高高度在哪里，她甚至会直言，这样的病例，之前从没有救治成功过。

同样，在这个阶段里，她也会从家属的言行举止中捕捉重要的信息。"一个是经济条件。这个问题没法回避，患者家庭的经济承受能力是一定要考虑的。好比病人负担不起腹腔镜手术的费用，但能负担起开腹手术的费用。那即便腹腔镜手术对患者来说是一个更合适的治疗方案，也要尊重患者的选择，让病人在能够承受的经济压力下又可以把疾病治好。当然，国家也一直在积极推进医保事业来解决这些问题。"她举例解释道，"另一个是情感。情感的亲疏会直接影响家属的反应。如果躺进ICU的，是他生命里最重要的人，他有冲动、有失常，都是需要医生去理解的。"

在做好前面那两步后，她才会以医生的专业身份去沟通。"这个沟通，一定不是解释。

■工作中的黄曼

因为医学的专业性太强了,如果医生把自己陷进给病人家属解释专业医疗问题的泥淖里,就很难解脱。"她说,"这个沟通,也一定不是推诿责任。如果医生不做认真的沟通就将选择权拱手交给家属,然后在病人出现情况后说这就是家属的选择,那在我眼里,这个医生一定是不合格的"。

在她看来,医学的8年专业培养及后来的临床积累,就是为了以专业的知识和能力帮助家属做出最正确的选择。"医生要给出最佳的治疗方案。比如手术。凡是手术,皆有风险。但哪怕这个方案存在风险,也要用最专业的态度去告诉家属,风险是什么,有没有应对措施。对家属来说,这样的信息才有价值。"

最后便是预见性。以专业的知识去预判病人有可能出现的情况,并在沟通时向家属说明。"告诉家属,病人大概要多久才有希望走出ICU,这期间病程可能怎样发展。"这样,

人物 PROFILE

当一些情况出现时，家属才不会慌乱无措，才能配合医生达到最佳的治疗效果。

坦诚、专业、充分预判。带着5分钟建立信任的法则，她解决了一个又一个的沟通难题。而在采访中，记者发现，这个法则之所以奏效，其实还有另一个极为重要的原因——她的心总是能与病人家属站在一边。

曾经，有一个不到20岁的年轻女孩住进了浙二ICU。眼看着病情已经有了起色，女孩的父亲却不论医生如何劝说，都坚决要求出院，原因是经济上已无法负担。面对这种情况，科室里的年轻医生们都愤懑地议论纷纷："天底下哪有这样的父亲啊？""砸锅卖铁也应该给女儿治病呀。"

也许是因为人生阅历更为广阔，黄曼觉得自己能够理解这位父亲的处境："我相信他一定是走投无路了。作为父亲，要因为自己无法负担费用而亲手放弃女儿的生命，他心里也一定是不好受的。"

她决定亲自出马，去和这个看起来薄情的父亲谈一谈。原来，女孩的医疗费用早已压垮了这个家庭，这位"狠心"的父亲手中所剩的钱，仅够他将女儿带回老家，他怕如果继续接受治疗，不但医疗费用无力承担，就连回家的钱也分文不剩。

"再给我两天时间，好不好？"深知女孩

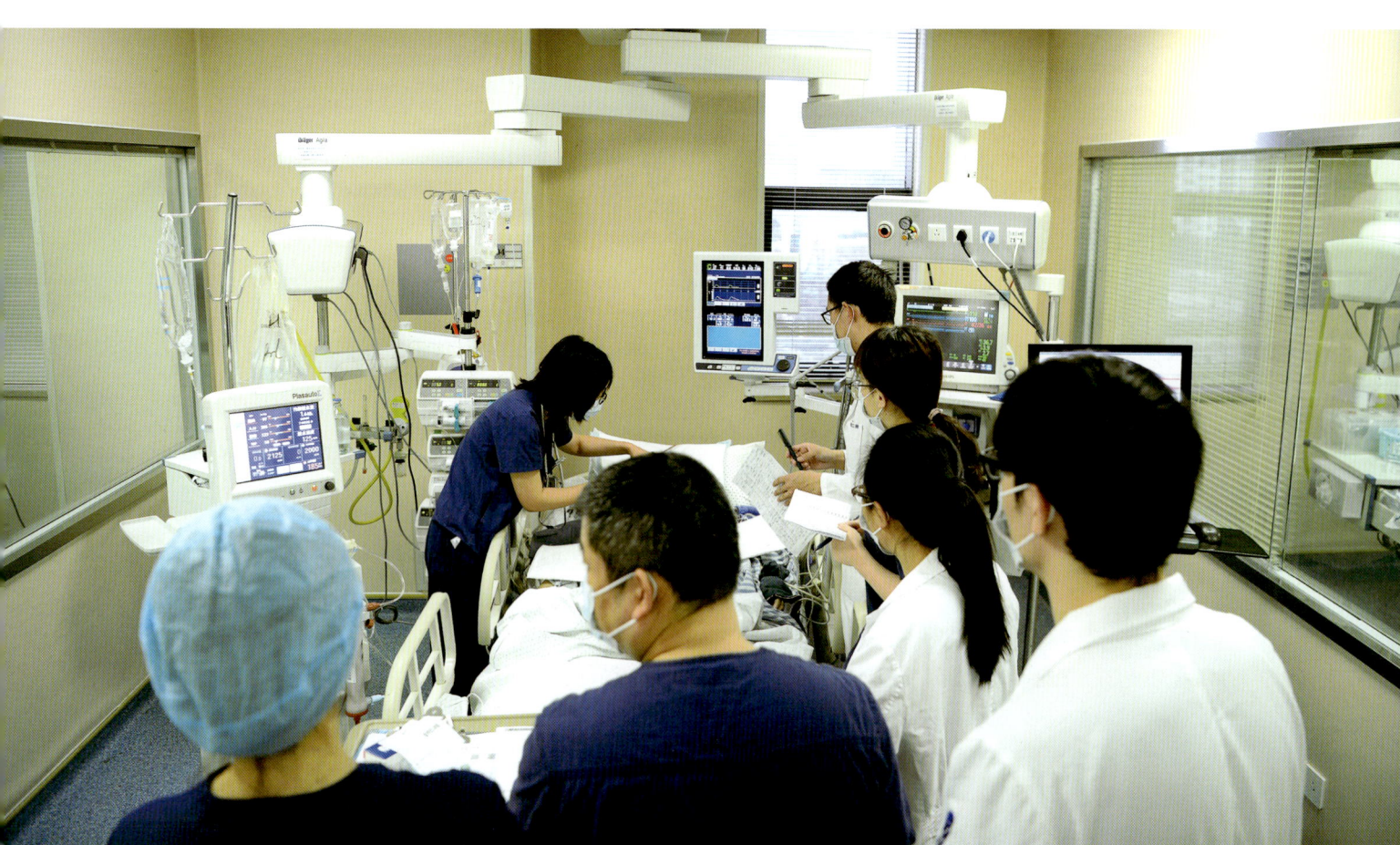

■ 黄曼查房中

极有可能挺过这一关的黄曼与女孩的父亲商量。

"两天保证能好吗?"生死攸关,没有任何人能给保证。

"那这两天的费用我们来帮你,可以吗?"

"不行。那我不照样还是欠钱的嘛。"女孩的父亲非常固执。

这句固执的拒绝,让黄曼一下子意识到,这个父亲是在维护他的自尊。要这位质朴善良的父亲接受帮助,欠款治病,他既怕人财两空,更觉得颜面全无。

再多的沟通显然也将是徒劳的了。可她实在无法接受一个如花似玉的女孩,在完全有希望活下来的情况下,回家去等待死亡。于是,她叫来了女孩的主管护士,让她去告诉女孩的父亲,说之前的账算错了,账户里还有钱,能够支撑两天。然后,全科室的医护人员一起为女孩募捐,凑了10000多元钱,把女孩从死神手里夺了回来。最后,女孩的父亲带着脱离生命危险的女儿和一张坚持写下的5000元欠条离开了医院。

"不过,这件事倒还有一个出乎意料的结局。原本我们都以为,她父亲写下欠条只是一个形式,谁也没想着他会还。"可几年后,这位父亲真的带着5000元钱和一段女儿的视频来找黄曼。"我想,这也足以说明,当你真的把心掏给患者的家属,他们也一定会尽最大努力回馈你的信赖。"

性命所托

平日里,总有人和黄曼玩笑说,如果有一天,她不再做ICU的医生了,最适合她的工作,也许是写小说。

"故事太多了。"每天,与死亡短兵相接,与人性袒露相对。这40张床位上究竟发生过多少故事,早已数不清。

而每一个生死故事,也都让她更加明白,为医之道,不仅要技术精神,更需大德至深,大爱至简。

以前,有一位中年女士因突发心源性休克住进了浙二ICU,生死悬于一线,是黄曼和团队医生一起,竭尽全力将她从死亡边缘拉了回来。但危险依然存在,唯一的解决之道是做心脏移植手术。可是,合适的捐献器官要等多久才会出现,谁也无法给出答案。尽管黄曼与她的团队给予了病人贴心的照料,烦躁与焦虑还是悄然袭来,病人渐渐变得不愿意配合。直到有一天,这位病人无意间听到了悦耳的琵琶声。"她就和我说,想要现场听一听。"

原来,弹琵琶的是ICU的一位年轻医生。黄曼得知了病人的心愿后,就让年轻的医生抱着琵琶来到病床前演奏了一曲《六幺》。美妙的音乐重燃了这位女士战胜病魔的斗志。终于,她等来了适合于她的捐赠心脏。

手术前夕,在病床推出ICU的那一刻,黄曼走到她的身边,俯下身对她说:"加油!等你好了,就走着来看我。"令她没有想到的是,铿锵有力的琵琶声与她的这一句"走着来看我",真成了这位病人坚持下去的力量。今年的情人节,这位女士不但已经可以顺利行走,还开着车,带着一大捧鲜花来了。"她告诉我,在治疗初期发生的种种她都已不记得了,只记得这句'走着来看我'。"诺言的喜悦兑现,让重生的女士与黄曼都非常开心,"这种成就感,就是这份职业给我的最好褒奖。"

但也有很多时刻,生命的消逝无情地发生在眼前。尽管医生的专业素养,不会在这样的时刻把她的情绪拉扯得七零八落,更不会影响她的工作,可内心最柔软的那个角落,依旧会在某些瞬间,像突然被扎了一下似的,让她无法仅以理性去对待眼前发生的一切。

"我真的很少被这样的情绪左右。但那一次,我一下子就觉得我做不到全然理智了。"那是一条年轻的生命。一个因为恋爱纠葛而冲动喝下了整瓶百草枯的男生,未满20岁。刚到

人物 PROFILE

医院的时候,他似乎并没有意识到即将到来的危险究竟意味着什么,直到他的肺部开始出现纤维化的症状。"那时候,服用百草枯几乎就没有有效的救治办法。脏器衰竭、窒息而死是必然会出现的结果。"随着小伙子的血氧饱和度不断降低,气管插管成为必然的救治方案。

"我们做好了所有的准备,但在插管前,我实在没有办法就这样去进行操作。"看着眼前这个有些懵懂的青春少年,想到他即将永远地失去声音、失去生命,黄曼的心被刺痛了。"我就问他,有没有什么话,需要我转达给他的父母和家人。"

就当所有医护人员一起静默地等待着这个青年在世界上最后的话语时,这个即将与世界挥手告别的男孩却说了一句让所有人都诧异的话——

"他说,我想吃一个包子。"

黄曼震惊了。短暂的震惊之后,她陷入了纠结之中。原来,气管插管需要绝对禁食。给他吃这个包子,之后的操作中很有可能发生窒息的情况,可这是这个年轻的生命最后的愿望啊!

"那是我第一次去面对这样的情况,太意外了。"纠结片刻,她决定满足这个普通却令人心碎的愿望。她让人迅速去给男孩买了一个包子,然后陪着他把包子吃完,接下来,她和她团队里的医生用最谨慎的操作给男孩进行了插管,一切顺利,意外没有发生。

但那个包子却印在了黄曼的心里。"那一次之后,我就开始思考,人到底该用什么样的态度去面对死亡。"

死亡,几千年中华传统文化中都不愿多言的词语。即使在当下这个时代,对大部分人来说,这仍旧是一个需要避讳的话题。然而,不知死,焉知生。选择怎样面对疾病、面对死亡,在黄曼看来,与选择怎样面对生活一样重要。

在"最后一个包子"的事情发生之后,黄曼有了一个新习惯:"晚上值班,没有事情的时候,我就会拿个凳子,坐在清醒的病人身边聊上几句,哪怕我知道他已经走到了生命的尽头。在最后的时间里,让他们被听见,可能也是一种安慰。"

而出乎她意料的是,这个新习惯,竟为她带来了她生命中最珍贵的礼物。给她这份礼物的,是一个生命只剩下最后一个月的癌症晚期患者。

这是一名出租车司机师傅。虽然收入微薄,但他有着一个深爱他的妻子,一个帅气的儿子,家庭生活美满幸福。"这个病人挺特殊的。"原来,自从得知丈夫患癌开始,坚强的妻子就决定隐瞒病情。2年多的时间里,这个平凡的女性想尽办法伪造病历、避谈真相。可她精心而深情的包装并没有阻挡住病魔的脚步,男人的病情还是恶化了,他住进了ICU。

"其实,我并不赞成这样的做法,我觉得病人有知情权。"可即便如此,黄曼也尊重了这位妻子的选择,在日常的工作中,配合她一起"演戏"。

有一天夜里,黄曼值夜班空下来时,那个司机师傅也正好醒着。她便坐在他的床边,听这个生命额度所剩无几的中年男人讲自己的人生故事。"他精神挺好,絮絮叨叨地和我说了半天他的奋斗史,说完之后,又意犹未尽地和我讲起了他未来一年半的规划。"

看着眼前眉飞色舞地描绘着未来的男人,黄曼心里百味杂陈,到底要不要说出真相。思忖再三,她选择了不再隐瞒。

"我觉得他是一个坚强的人,一定可以接受事实的。于是,我问他,我要告诉你一个秘密,但这个秘密只能我们两个人知道,你愿意像一个朋友一样和我分享这个秘密吗?"男人瞬间沉默了。原来,他其实早已知道自己的病症,他也知道妻子的苦心隐瞒,他也是这部温情悲剧中一个称职的"演员"。

"黄主任,我到底还能活多久?"谜面被

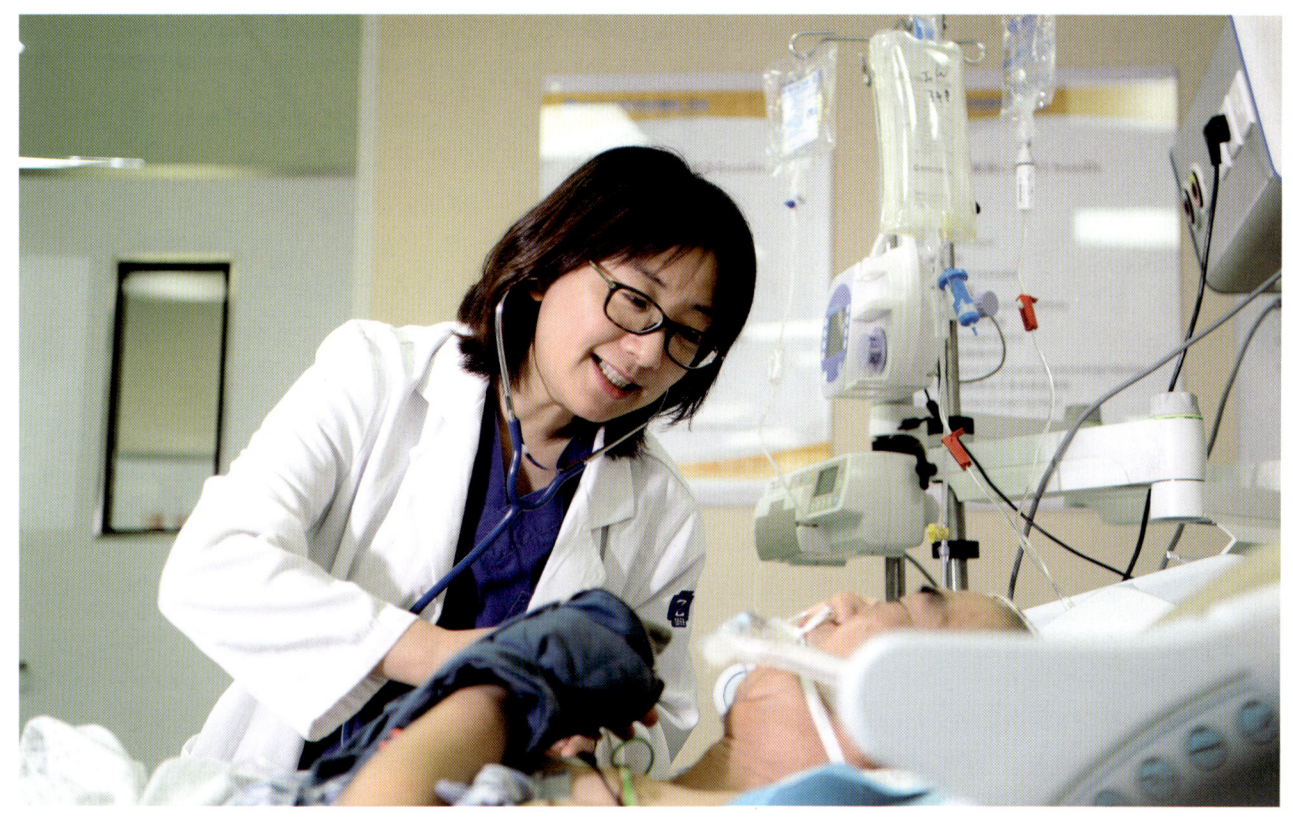

■黄曼在询问病人情况

揭开，他在寻找那个残酷的答案。"一个月。"黄曼再一次选择坦诚。深夜里本就寂静的病房此刻变得更加寂静，静到她仿佛都听不见这个病人的呼吸。"他就握着我的手，一句话也没有说。"

很快，这个病人申请出院。因为知道这一次辞别即是永诀，黄曼在他办理出院的那几天，便有些刻意的回避。可病人临出院之前，还是把她叫到了身边。"他递给我一个纸条，纸条上是一个电话号码。"那是这名患者儿子的联系方式。"他和我说，他儿子是非常罕见的RH阴性O型血，以后只要我的患者有需要，他儿子保证会来无偿献血。"

握着这张纸条，见过那么多生死的黄曼泪如雨下。"后来，我也从没有打过这个电话，但这个纸条我一直保留着。"回忆往事，她仍然克制不住，语带哽咽地对记者说，"我想，这是我这辈子收到过的最珍贵的礼物。"

这样的故事，在黄曼的职业生涯里还有太多太多：从昏迷中苏醒的程序员，因为她平日里的耐心照料，说出的第一个词竟是她的名字；失去心跳的患者在她的坚持下经过长达6小时的心肺复苏后，终于战胜了病魔；经过抢救保住生命的成功CEO为了表达敬意，在春节期间来浙二做了整整7天的志愿者……每一个被挽回的生命，都是她从医路上闪闪发光的勋章。

然而，对于这些成功被救治的病人，她却经常会选择遗忘。

或许是医生的职业习惯使然，如非必要，她很少会把联系方式给病人或者家属。即使加了微信，病人救治成功了，她就会告诉人家，她要把微信删了。"因为我是一个很劳心的人，

人物 PROFILE

有未读消息或者未接电话，我都是一定要回复的。"她也从不保存病人的感谢信息。病人能成功走出ICU，对她来说，就是奖赏。

但她的手机里却存着不少没能救治成功的病人家属的联系方式和信息。这些信息里，有许多是"负能量"。

"有些人不理解，我为什么要留着这些'负能量'。其实，一是自省，医学无极限，我们都要再接再厉。二是我和他们站在一起努力过。我理解他们的痛和伤。如果他们还需要一个渠道倾诉，或许这是能帮到他们的唯一方式。所以，我会留着他们的微信。"

与世间所有的学科一样，医学是有局限性的，医生也无力与生老病死的自然规律相抗衡。"但给予病人和家属安慰，是一定能够做到的。"行年愈久，她愈能体味到那句医学经典名言"有时去治愈，常常去帮助，总是去安慰"的深刻意义，"有一个中年男士，事业家庭都很成功。可他的儿子却被淋巴瘤夺走了生命，而且从确诊到逝世，只有一个多月的时间。每到清明节、他儿子的忌日，他就会给我发信息，倾诉下心里的痛苦。他说这些话没法和家里人分享，因为儿子的离去对家人的打击非常沉重。虽然我也不能为他做什么，但至少可以安慰安慰他，给他一个宣泄情感的出口。"

有人说，每一个ICU医生与病人都是生死之交。对于每时每刻都奋战在生死间的黄曼来说，这句话没有一丝一毫的夸大。在这个没有炮火硝烟的战场上，身为统帅的她，仿佛从来不知疲倦。她比任何一个士兵都睡得少，也比所有人承担的责任都要大。面对生死，她深知自己有太多做不到的事，也正因如此，她才会在每一次能够拼尽全力的时候不遗余力，在每一个可以给予温暖安慰的时候毫不吝惜。

生命至上，每一场战役，她想要的都是赢。

■ 采访手记

这是一场从准备提纲到采访再到写稿，都让记者泪眼蒙眬的采访。

这个情况，如果让黄曼知道，她一定会笑语爽朗地下结论："这样的人，肯定不能做我们ICU的医生。"

的确，从事这个除专业知识水平外，还有着诸多极为严苛要求的职业，是需要一定的天赋。

冷静、理智、细致入微。黄曼无疑是有天赋的。但天赋之外，究竟是什么让她在这个旷日持久的战场上，以超乎想象的状态坚持这么多年？

这个问题让记者百思不得其解，直到走进她的办公室——

她的办公室里，挂放着一套樱粉色的套装裙和一双黑丝绒的高跟鞋。虽然，大部分时间里，它们的主人都只能穿着深绿色的急救服和墨蓝色的防滑鞋。

她的办公室里，还有一个假山精致的小鱼缸，红红的小鱼游走在细细的水草间，依然惬意。虽然，大部分时间里，它们的主人也无暇欣赏。

然而，这些美丽的生灵和物件，却无声地解答了记者的疑惑。对生命的无上敬畏、对生活的无比热爱，才让这个笑靥明媚的娇小女士，在这个险象环生的生死场上，勇猛而坚强。

责任编辑/楼燕红

闻吾传：松柏之质

□杭商全媒体记者 邹 芸/文

古语道：蒲柳之姿，望秋而落；松柏之质，经霜弥茂。

显然，杭州三得机械有限公司总经理闻吾传就是一个质如松柏的人。生于20世纪50年代初期，中华人民共和国成立后的风风雨雨，都在他的生命里烙刻下深深的印记。

与中国所有老一辈的企业家一样，闻吾传既是时代的见证者，也是时代的创造者。岁月的沧桑变化，磨砺了他们坚韧的意志；人生的起承转合，锻炼了他们顽强的品格。

那些在如今看起来艰辛苦难的经历，早已成为年华轮转中最隽永、最珍贵的宝藏，散发着砥砺人生前进的熠熠光辉。

云淡风轻，曾经的艰难险阻已是过眼烟云。而闻吾传依旧奋斗在事业路上，追寻着更广阔的人生之境。

凌寒独自开

1951年，闻吾传出生在萧山的一个小村庄里。在他出生之前，家中已有三个姐姐，他的父母都已步入中年。老来得子，在那一辈人的心目中自然是欢喜万分的。父母为他取名为"吾传"，希望他能够传承家门的"荣光"。

然而，对于童年的闻吾传而言，家却是一个有点沉重的词。生活的贫困自不必说，那个年代，家家户户都是勒紧腰带过日子。可闻家却比别家过得更要艰辛一些。因为在他11岁那年，他的父亲不慎摔了一跤，导致中风发作，从此卧病在床。

人物 PROFILE

"那时候，我的大姐、二姐都已嫁人，母亲年龄也不小了，父亲又生病在家。虽然我年纪还小，但家里没有别人可以干活了。所以我11岁就和我的小姐姐一起下地干活。"困窘与辛劳深深地印在了小小少年的心里，"我俩干一整天活只有8个工分，根本不够一家人吃饱饭。"

虽然如此，个头小小的他就清楚地知道，要勤快、要多干，这样才可以和家人有饭吃。

于是，村里的人常常可以看到一个瘦小的男孩子，在地里勤勤恳恳地用力干农活，大颗大颗的汗珠子往土地里掉。

憋着这样一股劲，到17岁时，闻吾传已经成为生产队里工分最高的人，家里人也不至于要饿肚子。可欢喜之后，悲痛接踵而至。在这一年，他彻底失去了父亲。

不堪的年月，可以摧毁一个人，也可以塑造一个人。闻吾传深深记得艰苦的年月里，所品尝过的每一份苦涩的滋味。但那一切，在他生命里烙下的最深印痕，却是一个"勤"字。

苦难是一艘船，可以将船上孤立无援的人带入夺命的旋涡。但闻吾传不惧怕苦，更渴望与珍惜每一份来之不易的幸福，生命中的每一步，都迈得坚韧而郑重。他始终坚信，天道酬勤，以"勤"字扬帆，定可以绝处逢生，进入另一片截然不同的天地。

闻吾传的勤快与能干，那时在整个村是出了名的。年仅21岁，他被村民一致推选为生产队长。

同生产队的村民，数他家最穷，同龄人里，也只有他除了自己便无人可以指靠。但仍挡不住生产队里最漂亮的姑娘，看上了他这个人，便不计较他比自己个头矮，不顾家人反对，坚决地嫁给了他。

而后，8年生产队长，4年乡镇砖瓦厂中层管理人员，6年村长，6年村支书……20多年间，在一种持续历练的人生状态中，不知不觉，闻吾传最开始搭乘的漂荡在苦海中的一艘船，已载着他驶入开阔之境，一段激荡人心的征程也已开启。

忽如一夜春风来

"1992年，那是一个春天。"对这个传唱在中国人民口中的春天，闻吾传有特别的感触。

至今，他依然清晰地记得，在那年3月的春风里，他看到报纸上邓小平视察南方的消息，心头激动难抑。

那一年，闻吾传已年过不惑。可他依然觉得自己充满了干劲，能够做一番事业。于是，他和妻子一起用全部积蓄买了一台机器，在100多平方米的老房子里，成立了家庭作坊，加工简单的机车零部件刹车片。

那时的家庭作坊，只有妻子和妻子的妹妹两个女人，闻吾传白天负责处理村里的事务，晚上就加班帮家里作坊赶工。也正是从那时候起，他养成了每天晚睡的习惯。

那时的每一日无疑均被辛苦笼罩，他却甘之如饴。

第一年，闻吾传的家庭作坊做到了10多万元的产值。所得利润，几乎是闻吾传当村长工资的十倍。这极大地鼓舞了一家人经营家庭工厂的热情。第二年，业务额达到30多万元，招了第一个模具工，又增添了设备。第三年，人手和产值进一步增加。

随着时间的推移，家庭作坊的业务额逐年递增，所做的产品种类愈渐丰富，设备持续更新，工艺不断改进。

21世纪的头年，闻吾传卸任村中职务，开始全心投入企业。2001年，杭州萧山三得机械有限公司正式注册。

由于产品品质精细、价格公道，除了既有的客户，三得机械的客户仍不断增加，甚至出现了几家客户同时上门要求合作的情况。同时老家100多平方米的厂房已不能够满足三得机械的发展需要。

为顺应企业发展，实现规模扩张，闻吾传心一狠，不惜四处借债，买下6亩土地，建造了最早的几间厂房。而今我们看到的三得机械办公大楼高耸、厂房林立，工厂的占地面积也已达到13亩，均是闻吾传一边经营生产一边扩增起来的。

举债谋发展的几年，无疑是闻吾传经营企业以来所经历的最艰难的时期。这促使他形成了对产品精益求精、选择客户高标准要求、举棋决策慎而又慎的管理风格。同时，他极重视产品工艺提升，始终不遗余力地保持企业的设备、技术优势。

三得机械正是在他这般的管理风格下，迅速发展，成为生产技术力量雄厚、工艺先进，并具有自主开发、设计产品模具能力的以汽车配件为主的专业生产加工企业。

脚踏实地，精益求精

与其他一些做企业的人相比，闻吾传是一个"保守"的人。经营企业多年，他的步调比一般人走得平稳得多。

10多年里，闻吾传牢牢把守着将本业做精的理念，不轻易贷款，不轻易扩张投资，"每次都是赚到钱，只将富余的资金拿出来一点点扩张"。

但他亦有让朋友们惊呼"胆子大"的时候。

2013年，一个朋友"吃不消"做的投资项目，闻吾传决定拿下，这也正是他新筹建的杭州明爵科技有限公司。

这让人想起2000年，为了顺势发展三得机械，他的那股"狠"劲。但如同那次是有既定业务、有十足把握才决定放手一搏，此次筹备明爵科技，闻吾传同样是"不打无把握的仗"，累计2000万元的投资，他只从银行贷了50万元。

筹建明爵科技，除了出自闻吾传对经营企业的热情，或更源自他对儿女未来的考量。

原来，除了儿子，闻吾传的儿媳以及女儿女婿，都在企业里做事。女儿负责财物，女婿负责生产技术，儿媳负责采购。

儿子闻树刚，刚刚大学毕业就被推选为村支书，一干就是13年。虎父无犬子，儿子任村支书的13年，不仅村民的好评如潮，甚至闻吾传想让他卸任回企业帮忙都不成。

明爵科技，同样是一家机械加工企业，设备都是最先进的机床，刚刚筹备好，就已有4家客户找上门来，希望可以成为合作伙伴。新厂筹备好，儿子闻树刚像父亲当年一样，开启了一边管理村中事务，一边管理新厂的节奏。

"老厂这块，以后也要交给他。我就稳扎稳打地帮他几年。"走过了激情如许的创业年代，闻吾传当下最重视的是企业的平稳传承，而儿子闻树刚，耳濡目染中早已继承了父亲闻吾传的处世风格，行为处世不仅沉稳且目光长远。

"我常常和他讲，做村里的带头人，一定要廉洁奉公，秉公办事，不能有一丝一毫的私心。办企业，一定要稳扎稳打，脚踏实地，千万不能冒进，更不能挥霍一分一厘。"尽管儿子已非常优秀，但闻吾传还是经常要在他耳边念叨念叨，"做父母的，总是想多和孩子说几句，其实我也知道他如今早已超过我嘞"。他的笑容里满是自豪。

谈及未来。这位精神矍铄的先生眼里有担忧也有无畏。他说，这边要拆迁了，现在在找新的地方，初步定在诸暨。记者便问，那是否离家就远了。闻吾传摆摆手，"做企业的，得跟着生意走，远了也没办法"。这边5年内要拆迁，要在这段时间里，找好地方，盖好房子，以后的规划，除了工厂与食堂，还会盖员工宿舍，解决职工们的衣食住行问题。"时间说宽裕也不宽裕，说紧也不紧，但地方是要抓紧找了。"

闻吾传的眼神坚定，他清晰地知道自己的路在何方，并且一直努力地构架通往彼岸的桥梁，一往无前。闻吾传在这片热土上生活了一辈子，但如果真的去往别处重新开始，却也一点都不慌张。他知道，这是他既定的轨道，他责无旁贷。

责任编辑/沈意　本文图片为资料图片

人物 PROFILE

> 桑张耿的办公室与藏书馆仅一墙之隔，有的时候门开着，满载着回忆的书香就能渗透过来。他常常在书库里逡巡，"这些书籍早已超越了书籍原本的含义，它们同样记录了我的奋斗和付出，努力和欢笑。每一本都是我的亲密爱人。"桑张耿说着说着，眼里闪烁着深情。

桑张耿：
每一本藏书都是我的亲密爱人

□杭商全媒体记者　马晓才　姚　兰/文　徐青青/摄

　　春季的一天上午，杭商传媒记者如约前往舜达伟业集团采访董事长桑张耿。见到桑张耿时，阳光正好透过窗户洒在他写满沧桑的脸上，他的表情，亲切、朴实而安详。他用略带萧山方言的普通话客气地招呼我们坐下，并悠哉游哉地给我们泡上茶。

　　10年来，杭商传媒记者已经多次采访过这位长者，有关他的许多故事，早已耳熟能详。因此，今天的采访，更像是听一个长者絮叨絮叨家常，也是听一个看了大半辈子书，办了大半辈子企业的企业家，分享他的生活片段和所思所想。

　　桑张耿呷一口茶，娓娓道来。几年的人生经历，如明前春茶般浸润人心。记者的思绪，渐渐被他带入那个时代。

　　桑张耿生于1950年，虚岁刚好70。但他特别强调，按照书上的算法，他今年才68岁。说到这里，他笑笑，笑得很顽皮又很认真。其实，他所在的萧山乡村，像他这样上了年纪的人，一般都是计算虚岁的，我知道他是不服老。果然，他接着说："上了50岁时，我的年龄就停下来了。我觉得我的心理年龄一直都在50岁前后原地踏步走！"

■ 舜达伟业集团董事长桑张耿

桑张耿的额头上有一块红色胎记。5年前，传记作家孙侃应杭商传媒之邀专访桑张耿，曾如是描述："这是一块戈尔巴乔夫式的红色胎记，且比戈更深、更像一幅世界地图。我们可不可以这样理解，这块形状特别的胎记，体现了他的胸怀和抱负？"并盛赞桑张耿为"学问上、事业上、现实生活上的哲学家"。

传记作家孙侃的这些描述，使我们把桑张耿和儒商联系在了一起。何谓儒商，儒商何为？桑张耿提供的版本是，"日当三省吾身，身边常备先贤之书，心间常绕圣人之语"，他把读书所得潜移默化地融入了现实生活，并贯彻在经商办企业的过程里。寻常屋宇之中，他自运筹帷幄；谈笑风生之时，事业拔地而起。

少年，读书是奢侈的

1958年的春天，油菜花盛开。

桑张耿城里的亲戚来乡间走亲，亲戚家的一个孩子带来一本连环画图书，书名叫《花木兰》。这是他看到的第一本连环画图书。他和亲戚家的孩子钻进油菜田里，足足看了一个下午的连环画。太阳快要下山，当他们回村时，桑张耿看到一群人在河边走来走去，他的奶奶则坐在河埠头，蓬头垢面地哭泣着。

"整整一个下午不回家，我奶奶以为我掉进河里淹死了。我平时很乖的，很少外出。"桑张耿坏笑一下，很快又陷入了沉思之中，"从此以后，每当油菜花盛开季节，闻到春风吹送过来的油菜花清香，我就会想起那天的情景，想起那本被翻烂了的连环画图书，想起阳光照在油菜田里，一片金灿灿壮美景象。直到今天，60多年过去了，仍像发生在昨日一样。"

从那天开始，桑张耿爱上了图书。

然而，于少年桑张耿而言，读书则是一种奢侈。

桑张耿并未托生书香门第，而是长于匠人之家。父亲有一门祖传的手艺，补缸补甏——这个行当现在已经失传了，但在节俭度日的当年，人们依赖能工巧匠用钉子等工具把破了的水缸、碎了的瓷盆以及裂了的饭碗补好，重新使用。尽管如此，光靠这门手艺，面对桑张耿父亲、爷爷奶奶以及兄妹五人一家多张嘴，生活逐渐呈现出艰难的况味。

桑张耿在家是长子，父亲走街串巷去补缸补甏时，他责无旁贷地承担起了照顾长辈以及弟弟妹妹们的任务。为了更好地照顾家人，14岁那年，桑张耿说服父亲，辍学，背起补缸工具做了学徒。

辍学之后，读书写作对桑张耿而言，就成了难题。有些字他根本写不出，有些书上的意思他也完全不懂，可他偏偏就是爱书，爱得如痴如醉，近乎疯狂。

说到这里，桑张耿起身，向窗外凝视片刻，若有所思。许久，他转过身说道："在当时，补缸补甏是为了活下去，读书，则是为了以后活得好。"

面对生活的重担，既要花钱又要花时间的购书阅读，毫无疑问是一件非常奢侈的事。但爱书如命的桑张耿却做到了，在贫寒中保持读书的热忱，对他而言，书籍是一份莫大的财富。

那个时候，所有的压岁钱、零用钱都被桑张耿变成了书，放在枕头边。

1963年春节过后，桑张耿用自己1块4毛的压岁钱，买了第一本藏书：杨沫的长篇小说《青春之歌》。事实上，第一本藏书《青春之歌》他没能完全看懂，尤其是那些关于爱情的情节。但在他常去的小人书摊上，他却看懂了很多，包括《红日》《钢铁是怎样炼成的》《我的大学》《三国演义》之类，所以他后来节衣缩食地又买了一些书，其中就有不少是连环画。

令桑张耿骄傲的是，他的爱书，多多少少影响了弟弟，弟弟亦成了爱书之人。在缺少阅读氛围的村子里，桑张耿和兄弟们成了个中异数。后来，弟弟更是成了村里的第一个大学生，轰动了整个村子。这就相当于古时在村子里出了个举人那么稀奇啊！

青年，读书是慰藉

桑张耿辍学那年才14岁，从这一年开始，他就在靖江供销社所属的酱菜厂修补酱菜缸。流年偷换，他的青年时代是在补缸以及阅读中度过。

书里说，海阔凭鱼跃，天高任鸟飞。爱书的桑张耿从书里知道，天地这么广阔，又怎么甘心把自己锁在酱菜缸里呢？和很多年轻人一样，桑张耿陷入了一个迷茫期。

书籍帮助他打开了眼界，又激发了他求索的欲望，使他越来越不满足于现状，但他一时又没办法改变眼下的处境，由此变得急躁不安又郁郁难平。

幸运的是，书籍让他不安，让他向上，也让他落定，让他蓄积。在折戟的时候，或者说是人生的低谷，青年桑张耿通过阅读来自我增值，并在阅读的过程中重新找回了心灵的宁静，明确了下一步的方向。

1977年，中国终于恢复了高考制度，已近而立之年的桑张耿有所动心，甚至还跨进考场，但最终未能遂愿。虽高考失利，上不了正规的大学，桑张耿从未停止学习的脚步，他一如既往地买书、看书、藏书，并在工作中积极进取。

1984年起，桑张耿不再补缸，成了供销社酱菜厂的销售员。于是就出现了这样的一幕：上下班的人流中，每个人都只背一只袋子，装劳动工具。而他却背两只袋子，一只装劳动工具，另一只装的则是书籍。

有人说他是书呆子，他笑笑，很淡然。有人说他不务正业，他还是笑笑，很坚定。

他去了很多地方，也开阔了眼界，可对书籍的热爱仍然一如既往。他每次出差，都会去当地的书店，看看是否有适合自己看的书，而且往往不看价格就买回来。上海文庙书市开张以后，每次他去上海，回来时都会从那儿买来不少旧书，像背货物似的背回萧山的家里。

中年，书籍是领路者

美国哲学家爱茵·兰德说，"财富是一个人的思考能力的产物。""思考致富"这条金科玉律在桑张耿身上有着最明显的体现。可以说，正是在广泛的阅读中培养的思考习惯，获得的关键启示以及形成的科学认知，指引着桑张耿一路向前，不断积累起思想的财富。

人的一生中会遇到几个关键的转折点，比如成家、定居、创业。对于桑张耿来说，1993年供销社酱菜厂转制，他与原先的厂长合伙办酱菜算一个，但更重要的是1995年，他拿着好不容易凑起来的50万元，租下两间共40平方米的店铺，开始代销零售镀锌板，后来又开始生产镀锌板产品，采用了典型的"前店后厂"式的经营模式。

这次转行开启了桑张耿个人创业之路，谁能想到，40平方米的店铺，最终变成了现在的集团化企业：舜达伟业，这其间故事的曲折性暂不细表。毫无疑问的是，在桑张耿从酱菜到镀锌板以及彩钢板的转变中，书籍发挥了领路者的作用。

桑张耿告诉杭商传媒记者："我没有什么背景，也没有什么后台，但是，我有书。读书使人明知，书中自有黄金屋。"

正是通过书籍，桑张耿了解到镀锌板以及彩钢板的发展前途，知道了以后的工厂、大型公共建筑，甚至民居，都可能使用彩钢板来代替砖混、木材等建筑材料，而且是永久性的。即使是砖混结构的房子，其门窗等也可以使用彩钢板。使用彩钢板的建筑还能使室内装修变得简洁、便捷。而且彩钢板的废料还可以回收，不会成为建筑垃圾……也就是说，桑张耿从书中发现了商机。

张维迎说，企业家就是那些最善于判断未来和对信息最警觉的人。桑张耿就具备这种敏锐抓住信息，精准判断商业形势的能力。在最初几年对钢结构原材料的粗放式加工和经营后，他开始考虑转型升级。与争相压成本、陷入价格战的竞争对手不同，桑张耿径自选择了高端路线。他建厂房、买机器，与宝钢、杭钢、万达合作，购买优质钢材和进口钢板，并使用行业龙头企业的出口涂料……高端路线意味着高投入以及高风险，有些人并不看好桑张耿，可他气定神闲，靠的就是那些书籍、报刊，和来自四面八方的信息。

进入21世纪，基础建设再度加速，钢结构产业呈高速发展之势，站在产品高端的舜达伟业很快赢得了良好的业界口碑，企业规模扩大，经济效益日涨。2007年底，舜达伟业年销售镀锌板材10万吨，生产彩涂板5万吨，成了浙江省内首屈一指的大型彩涂板生产企业。2008年秋，在经济形势并不怎么看好的时候，桑张耿又来了一次"逆袭"，投巨资在安徽巢湖搞了个新型建材项目。让同行者大为折服的是，那个项目投产之际，恰好又是在经济形势回暖之时。而现在，他已是一位拥有近千员工，在浙江、上海、安徽等地均设有分公司，净资产达3.5亿元的大中型工贸企业的企业家了。

对于书籍的领路作用，桑张耿分析道："书籍当然不会告诉你具体怎么走，但它们提供了丰富的信息，其中包括行业信息、前人经验、战略部署等。"有了这些信息，桑张耿自己在脑海里细细思索，就有了一幅指引事业前行的蓝图。更何况，书读多了，人也变得更加淡定，凡事懂得尊重规律，把握关键节点，等待时间去发酵。

现在，书读万卷，路行万里

在中国传统的士文化中，读万卷书、行万里路是士人们的普遍追求，桑张耿概莫能外。借助阅读、旅行，个人生命的容量被扩展到最大化。若不经意交谈，你几乎不会听到桑张耿主动谈起自己去过多少地方，见过多少风雅之士，但你若细谈某个地方，他往往脱口而出诗词相赠，当地的风情人情、历史典故，他了如指掌。

已由儿子桑炜接班，退居二线的桑张耿，比经营企业时多了更多的闲暇时光。这些多出来的时光使他更从容地淘书、看书。指尖抚过架上的书，它们的年纪并不一致。新的、旧的，性格不同、灵魂各异的书籍汇聚在一起，陪伴着桑张耿迈入四代同堂的时代。

这些年，桑张耿尤其爱看中华的经史子集，其中流淌着几千年的文明与智慧。如今再看这些书籍，就是带着大半辈子的经历及智慧与先贤重新对话，桑张耿比从前更多了底气。一方面，他从前的批判性思维有了实据的支撑。桑张耿爱书却不痴信于书。在他看来，书中的观点，多来自文人的个人偏好，人物事件真实的是非曲折，还是应该用辩证的观点来看。看书长知识是毋庸置疑的，但看书也不盲目相信书中的观点，要有自己的思考。另一方面，很多从前难以明白的道理则是豁然开朗了。

然而哪怕再豁然通达，作为一个长者，桑张耿依旧有些看不惯的事。比如，他忧患今日之青年不识艰苦。桑张耿因为小时候家境贫寒，只上过几年学，从一个家庭式小作坊出发，把企业做到如此规模，其中艰难困苦难以为外人道，却也因此收获不凡，实属不幸中之大幸。今日之青年生于安乐者居多，不识艰苦者不知凡几，这又是幸或不幸？

切身践行了读万卷书、行万里路后，桑张耿不由觉得，世间因缘际会，凡事自有定数。"通常是去一个地方之前通读地方志，但有时是因为读了一本书想去一个地方，也有时是在一个喜欢的地方遇见一本打动我的书。"桑张耿说。

大抵有缘分总会遇见，此时相见也不会恨晚。桑张耿与沈从文的相见可为一例。桑张耿收藏的文学书籍不多，经过生活的重重磨砺，他并不期待从抒情写意的美文中阅读生命的喜悲，而是迫切地汲取经世智慧。因而，那占据了一整层书架的27本《沈从文全集》就格外醒目。桑张耿去凤凰之前，并不觉沈从文写得多好，后来在凤凰的书店里翻着沈从文的书，慢慢就读出这种味道来了。

这些年来，经商、旅行或是纯粹地游玩，桑张耿一一踏足祖国的山水，并把各种见闻心得、名人故事记在心底。若在桑张耿眼前展开一卷中国地图，想来他可以从南到北、一路给你讲述无数传奇故事。"祖国的山河实在美好，世界的多彩也令人向往，一踏上旅程，我就不会觉得疲倦！"这么说的时候，桑张耿的眼神熠熠生辉。

最近几趟的出行，桑张耿总不忘带上老伴，想来，这就是所谓的百炼钢化作绕指柔，和你一起看世间风景，一路上收集点点滴滴，与子携手慢慢变老吧。

藏书，雕刻终身时光

书单是最私密的东西之一，因为它反映了一个人的情趣、爱好、志向。然而倘若这不仅仅是一份书单，而是一座私人的藏书馆，且这份收藏的时间跨度几乎伴随了一个人的大半辈子的话，这恐怕就另类地雕刻了一个人的光阴了。如果你有幸参观了桑张耿的藏书馆，并对这上万册的图书做大致浏览，那么加之你丰富的想象力，就有可能通过这些书籍拼凑出桑张耿的一生所爱，也有可能猜测到他最隐秘的想法。

桑张耿的办公室与藏书馆仅一墙之隔，有的时候门开着，满载着回忆的书香就能渗透过来。他常常在书库里逡巡，每一本都是他的亲密爱人，"这些书籍早已超越了书籍原本的含义，它们同样记录了我的奋斗和付出，努力和欢笑。"桑张耿说着说着，眼里闪烁着深情。

不同于公共图书馆，桑张耿只收藏自己觉得有用、有兴趣、有收藏价值的书籍。小说为主的文学书，当然是他收藏的书籍之一，但并不是所有的文学书都收，他看重的是曾经影响了他们这代人的文学名著，包括古典小说、现代和当代作品。历史书、哲学书，他也进行了选择性的收藏。桑张耿喟叹：精深的道理在书中比比皆是，太值得研读，值得收藏了！

桑张耿也收藏了不少《佛经》。他认为，佛经是劝喻人的，而不是欺骗，更不是一般意义的迷信思想。宗教对心灵起到了净化作用，谁都不应该忽视。比如《大方广佛华严经》，被他摆在书柜较显眼的位置上。他介绍说，这部大乘佛教的经典之作是他经常阅读的佛经之一。桑张耿虽说并不信佛，却觉得常读佛经，可以使自己变得更纯粹、更善良、更诚信。

然而，桑张耿最喜欢收藏的，当数各地的地方志。迄今，浙江所有县市的地方志在他这里都可以找到，全中国大大小小2700多个县级以上的区域，大多数被他囊括在内。桑张耿说，千万不要小看地方志，地方志能全面、系统地记录这一地区从古至今的地理概貌、自然景物、经济发展、风俗民情、人文历史、重要人物……熟读地方志也成了桑张耿做生意的一个法宝。每次去往一个地方前，他都事先把那个方的地方志找出来，好好研究一番。到了那里与人一交谈，对方往往会大吃一惊：啊，你怎么知道这里的这么多东西？连我们都不知道哪！对方很快会对桑张耿流露出钦佩的神情，而这正是桑张耿所需要的效果。在对方佩服得五体投地的情景下，往往连谈生意都会顺畅很多。

书香满室，标记的正是桑张耿的悠悠华年。桑张耿经年累月积攒的一室藏书尚不知最终的归处，这不免令他烦恼，但想来一切皆有缘法，不如自在捧卷细读，静待美好发生吧。

责任编辑/楼燕红

人物 PROFILE

张杨钧：
念念不忘，必有回响

□杭商全媒体记者　周　珂/文　徐青青/摄

■浙江杭重科技有限公司总经理张杨钧

亭台楼阁，雕梁画栋，曲径通幽；鸢飞鱼跃，花草盆景，别有洞天。这里是浙江杭重科技有限公司。这里有一室余乐。

房间正中的"茶禅一味"四字，给张杨钧的办公室乃至整个杭重科技定下了基调：静谧、安然。张杨钧在《杭商》记者到达之前，已工作了一段时间，他点了一支熏香，泡了一壶红茶，正倚靠在沙发中同客户谈天。

这位创二代似乎对自己如今的身份早已适应良好，他有条不紊地处理着公司里的各类事件，既开拓创新，也笃实守正。他前段时间刚去往甘肃调研，万里敦煌道，三春雪未销，凛冽的寒风吹进他长长的羽绒服，但吹不尽他扶贫的激情。

张杨钧上周还出差去了趟四川，看项目、产品，这样的奔忙他早习以为常。可看他的朋友圈，不免为其中的清心静气所感染。他爱茶、香、美景、花草。他说，"香道、茶道，酝酿沟通与理解，方得正道"。这其中，既有处世做人的感念，也衍生而出管理的精髓——与人交流，同人交心。在这一方天地之中，付出总会有回报。

早些年，张杨钧曾写过一篇文章，题目为：富二代不走寻常路。在早之又早的时节里，家族企业除了给他优渥的物质生活，更给了他无形的压力，如何把握好这笔财富，如何运行好这个公司，在每个清晨，一个又一个的问题都会盘旋在他的脑海中。可不到园林，怎知春色如许？他要给所有对富二代有偏见的人看，张杨钧是不一样的。所以，他从未对自己放松片刻，而是以更高的要求来约束自己，他要求自己保持冷静，让整个办公室里都是安静的"味道"。

如听万壑松

寓教于爱、寓教于理、寓教于乐、寓教于德。近些年来，教育越来越多地被提及，社会也屡屡将镜头对准了不断深化的教育改革。不过，与大家所想象的精英阶层的精英教育不同，张杨钧在幼时，选择了学自己想学的爱好，做自己想做的事情。在没有人让他学习的情况上，他悄然爱上了钢琴，爱上了音乐。

许是小时候舅舅弹钢琴潇洒的样子太过清晰，坐在舅舅身边的小张杨钧总是不免有些心痒。他说，感觉"味道"蛮好。于是，他要求学琴，11岁时已是钢琴6级。

虽然没有再继续考级，但艺术的根已牢牢扎在他心间。甚至到了之后，他还在艺校就读了一段时间，学得不亦乐乎。很难说，如果张杨钧继续学艺，我们要见他，约莫便是在某场音乐会或者是某个展厅当中了。日积月累的修养自然不会磨灭，只会随着时间的流淌越发深地镌刻在这位创二代身上，"现在到任何地方做任何事，谈项目或是聊合作，我都会带一种艺术的感觉去工作"。

人物 PROFILE

其实，《杭商》记者刚进杭重科技之时起，便觉得这家企业"不简单"。

哪里不简单呢？假山、园艺、小舟、涓涓细流，没有太多的喧哗，只是一派安宁。这不像一家专业从事钢管的公司，倒像是一家园林企业。他的办公室里有马蹄金、松、兰、枫，有各色各样修剪成型的植物；也有珊瑚，鸟，红蛙、蛐蛐，有品类迥异的动物，这里有他的一室牵挂。

当记者问道，怎么只有鸟笼，鸟去哪儿了？张杨钧挥挥手说，鸟在外面。将鸟豢养在室外，还是依稀可见"艺术家"的点点痕迹。其实，一草一木的繁盛，是人们对栖居之所的精神需求。正如张杨钧所说："深钻园林的人，成功的概率会更大一些，因为这些人知道自己想要什么，并且在这条路上心无旁骛，一往无前。"

既已选择了从商这条道路，那么，张杨钧绝对不会懈怠。不知道是家庭熏陶，抑或是他就是一个天生敏锐的商人，他将园艺、珊瑚、茶与商成功地结合在了一起，虽然这些爱好坚持到底的最终绽放都是对个人精彩生命力的呈现，但他要在过程中做一件事：赚钱。"我喜欢的东西从来不只是玩，我要通过赚钱来养我的这些爱好。"他搞了水产投资，正在龙坞筹建茶庄，商的这条路，张杨钧已然走得越来越好了。

他艺校退学后，学了管理学，并且赴香港财经学院深造4年。这期间，他多了许多的实践经验，有一年半的时间张杨钧就在基金市场看数据、做调研，与市场"亲密接触"。在这所互动丰富的专业学校，他体验了全人教育及涉猎层面广博的工商管理教育。学以致用这个杭商的灵魂所在，也早在耳濡目染间，扎根于张杨钧的行为规范之中。在课程毕业后，张杨钧还在香港成立了一家从事钢管进出口的贸易公司，这大抵便是这份经济学课程最好的成绩单了。

回到家乡后，进入杭重科技是水到渠成的事情。刚进公司的时候，他什么都去探索，精细到什么程度呢？大概就是如数家珍，哪个设备出问题了，哪个地方螺丝松了，他心里清楚着呢。钻精、钻深、钻实的园艺精神被他灵活地运用到了企业管理之中，对待艺术的热忱与热望也都倾注到了技术创新之中，于是，我们看到，近些年来，杭重科技的销售量不断上升。在这个被大家看做传统行业的领域之下，杭重科技还向着物联网、机器人方向大踏步前进。

"永恒的和临时的都给他们鼓舞；他们在最小的示意上建立最大的事业；永远注视着，愿意行动，也接受心动，他们不需要特别的召唤就会起来；生活在日常世界上，他们不迷惑于感官印象，却有冲动的活力能够及时同精神世界谈得契合，也同时间里各个时代的人谈，过去，现在，将来，一代又一代，直至时间的消失。"华兹华斯用他静观和吸收的心灵写下了这首《序曲》，他认为人生最好的年华都是来自大自然影响的结果，这与张杨钧办公室中的"茶禅一味"交相关照。他们都用生生不息的努力与魅力，开拓了和谐与统一的境界，完成了自我的砥砺前行。

由势及人，多管齐下

"木头的延展性和保水性不同，想将它整改成怎样的弧度，要求自然也会有所不同。机器亦是如此，机器需保有自由性。"

张杨钧对器物的理解，似乎一贯从特质出发，向性能挺进。他办公室的沙发、桌子、展台都是自己在图纸上勾画设计而成的，创新的理念也在初接触设计时便渗入他对机械的思考中。他很喜欢去车间跟工人们一起交流，"我对他们就跟对自己的小兄弟是一样的。在车间里，我经常戴个手套，拿个扳手就跟他们一起弄了。"现在在网上输入张杨钧的名字，还能够看到以张杨钧为设计人的好几个专利证书，包括卧式储料活套、链轮拔管装置、新型拔管装置等专利。

这些细微处的突破其实都是在张杨钧所定的大方向下前进的。在他看来，杭重科技生产以建设为主的产品，设备的重要性不言而喻。提升设备做精项目是他规划中最重要的一部分。

认定方向，还需加码觅人才。许多人总觉得生产制造为主的企业是传统行业，而传统行业中的企业往往会遇到这样的问题——尾大不掉、多层管理、效率低下、人事冗杂。其实不尽然，起码张杨钧带领的杭重科技并非如此。他说，"我这个人很奇葩的。"他轻声细语描述着自己奇葩的原因——不喜欢员工意见一致。

电视剧《我的团长我的团》中有一句台词经常借由主角之口传递给观众，"死都不怕，就怕不安逸；命都不要，就要安逸"。人们在日常生活中对安逸有多向往，或多或少都会将这样的向往投入到进行已久的工作。如此态势，张杨钧自然看到了，但张杨钧不要这样的安逸，他要的是居安思危。

其实，若往下细究，其条理早在数千年前便摆在我们面前，意见不合导致的纠纷，从另一面看，便是思想碰撞产生的火花。"团队里必须要有分歧。只有这样才能进步，而他们越激烈，我自然越高兴。我的作用在于持稳，每个人有委屈了都可以来我这里说。"诚然，张杨钧的父亲给他搭建了一个比别人更高的起点，自然也就给他立下了比旁人更高的门槛，

如何带领这支既有长又有幼的团队稳步前进，便是张杨钧需要跨过的一道屏障。

他会积极地与公司的老人谈心，也会将招兵买马当作一项重点工作来完成，"之后我们的人员还是会做调整，力求更加年轻化。年轻人刚来这里虽然需要花一点时间熟悉杭重科技，但我愿意给他们提供成长的机会，也一定会让他们有展示才华的平台"。

年轻的主帅完善了队伍的建设，接下来便是带领好这支团队，与时俱进，与"气候"接轨，在开拓与创新上一展手脚。"做老板最重要的就是三件事：钱、人、茶。钱与人已都在既定规划之下了，喝茶则是为了布局，我必须冷静，甚至把自己置于一个旁观者的角度看问题，毕竟旁观者清嘛！"

如今，已从工业时代进入信息化时代，这种转变对每一个人的生产生活都产生了很大的影响。人类进入信息化时代后，激发了网络经济新活力，物联网便是新一代信息技术的重要组成部分，也是"信息化"时代的重要发展阶段。

大部分人的家中都装了监控，安全、牵挂都是原因，安心则是最后的归宿。张杨钧由家及厂，"中国人做生意可能透明度会比国外稍微差一点，但杭重科技将会做到全透明化"。这是一个怎样的场景？客户只需在杭重科技的APP中点击想要了解的部分，生产、配送的画面将实时进行传递。

这是杭重科技业务和应用上的一次大型拓展。显然，应用创新是杭重科技发展的核心，以用户体验为核心是杭重科技发展的灵魂，张杨钧对杭重科技的信心，对客户的尊重都在此举中体现得淋漓尽致。他不是要做到引领传统行业前行，更多的只是想服务好客户，让杭重科技更有尊严地屹立在行业之林。

人物 PROFILE

赚钱之道，首在识势，次在得人，识天下大势，知天下大势所趋，顺势而为，自然处处逢源。这句话曾被张杨钧反反复复放在心间体味。识势、顺势，张杨钧的眼界所至便是杭重科技的方向所在。工业机器人已是大势所趋，可编程、拟人化、通用性，让机器人有较强的对作业环境的自适应能力，张杨钧几年前就在构思了。为此，他经常同杭州湾信息港一位专业从事机器人研发的朋友沟通交流，"只要有电动机，就有机器人了，杭重科技现在正逐步把现有的设备变成机器人，科技含量会更高一些。企业当然要生存，但我们杭重科技要生存得有价值。"

未到不惑之年，有这样的成绩与作为是值得骄傲的一件事，不过，他的心中，焦虑更甚。"我每天都醒得很早，而且只要醒来就控制不住地思考公司发展中的各色问题。我枕头上掉的头发一定比你更多。"张杨钧用玩笑的口吻向《杭商》记者讲述了自己的压力。他还有一个强迫症：必须要等所有员工都下班了，去各个车间转上一圈，才能安心回家。殚精竭虑，夙兴夜寐，张杨钧通过全方位的部署，张开双臂，迎接着属于杭重科技的"黄金时代"。

关照，于是更加温暖

前不久，张杨钧专门为国家的脱贫攻坚事业前往甘肃进行调研。天气极寒，人在冷风中无处藏身。他在下飞机之后，又驱车5小时，方到一个很小的奶牛场，这一个又一个的奶牛场便是他接下来的努力之地。

长期以来，受思想观念、产业基础条件等因素制约，甘肃从事牦牛系列产品的生产企业，大多产业化程度较低、规模较小、附加值不高。他想要拔了这片广袤土地的"穷根"，需要的是精准发力。奶制品资源虽丰富，可包装尚不符合发达地区要求；人员虽从事生产，可工艺尚不先进；管理虽已有痕迹，可尚无标准量化……在一次次的跋涉路上，张杨钧看到了一个个问题，在有心人眼中，这一个个问题则变成了一个个能够进步的空间。

把这些实际情况做成调研报告是第一步，然后制订计划，再细化生产规模、引进先进工艺、培养现代管理理念，他滔滔不绝地说着以后扶贫工作的思路，面上始终带着温和的笑意。张杨钧跟随父亲信佛，想到能够解决甘肃一部分人民的就业，他就由衷地感到开怀。

关照他人，做温暖的事，张杨钧步履不停。

众志善行人。桐乡市善行社会服务中心是由一群社会爱心人士自发形成的公益团队，张杨钧便是其中领头人，他与朋友一起积极开展助学普法、扶贫济困、扶老救孤、恤病助医、助残救灾等相关的公益社会服务。虽因工作繁忙，他未曾进入结对帮扶地区，但看着朋友发来的一张张环境恶劣，人民艰难生活的照片，他对朋友始终是这么说的："这可怎么办，不能让他们再这样下去了！只要那里有需要，我这边一定竭尽全力。"

"这可怎么办"，早已不是对自己能力的无可奈何，里面潜藏着一颗体恤与关怀的赤子之心。关照他人，还能在他人眼中观见这个世界的其他面。张杨钧在关照他人中更加修行自己，他修家，修国，也修身，修心。任何人到他的办公室，都没有高低之分，也没有穷富之别。他谈事情，不会在那张又宽又大的办公室上，而是与客户、合作伙伴坐在下面的沙发中，有更加贴近的交流。哪怕是最后没有谈成合作,在张杨钧的这间办公室之中,许多陌生人在一盏盏茶、一炷炷香中,处成了可以交心的朋友。

知我者,谓我心忧;不知我者,谓我何求。人与人之间互相影响、互相融合的过程是很奇妙的,他喜欢这样默默无言之下的静水流深。张杨钧说:"随着年龄的增长,我们并不是失去了一些朋友,而是懂得了谁才是真的朋友。"繁华之下安静的情感表达足够令人动容。与好朋友的聚会是在安静的地方喝喝茶、吃吃饭,几乎从不出去玩,这自然也颠覆了社会中大多数人对"富二代"的认识。友直、友谅、友多闻,益矣。他以这样的标准在青年同伴中寻觅朋友,在脱贫事业中结交朋友,在日常工作中发展朋友。

若说与朋友的交往是日将新火试新茶,诗酒趁年华般的美好。那么,与自我的交往则是温柔与不妥协的安静、不慌不忙的坚强。张杨钧会趁喝口茶的间隙,发发呆,"偷懒"一下。偷懒的时间通常被看作一种中性的时间,这些一缝隙一缝隙的时间里,他在试着培养和自己做伴的乐趣。

办公室中有一处是专门放书籍的地方,他在显眼位置摆着《中国国家地理》。里面以自然为核心的选题揭示其对人类的影响,而人文类选题的命脉则是梳理其兴衰传承的自然背景,张杨钧吸收着其间"以今证古"与"以古喻今"的思维,通过地理这个脉络,不断清晰着杭重科技的版图与自我发展的轨迹。阅读让眼界开阔,园艺让神思专注,礼佛让心绪平静。一个会与自己相处的人,有着不理会哄闹的微笑与洗刷了偏激的厚实。

孩子则是上天的恩赐,填充着他日常生活的点点滴滴。人生是一个圈,父母养育着他,他又养育着自己的孩子,在身份的转换间,自能得到一种新的提升。

张杨钧膝下育有一儿一女,他对孩子学识的要求没有很高,但对他们做人的要求则颇为严格。他偶尔也抱怨学校:"现在很多作业难度很大,都是我们家长在弄,但我不想让我的孩子也这样。我不介意他们把空着的作业交给老师。"在家长中算是特立独行的做法,满含着作为人父的一片苦心:孩子,你们的诚实与创造力远比完成作业重要得多。

立了原则,再去实行,整个家庭也就井然有序起来了。张杨钧的休息时间很少,但当他觉得孩子们达到了规定的要求后,会用自己仅有的休息日带着他们出去吃顿饭,一起爬爬山。张杨钧深知,孩子不是为了实现父母的梦想而生的,他会让他们参加补习班,也会让他们去尝试自己的兴趣爱好。

许是音乐对他的影响过于深远,他的生活中到处流淌着音符,他的孩子也耳濡目染着这个有益于身心的爱好。女儿弹吉他,儿子打架子鼓,张杨钧自己弹键盘,如今这支家庭乐队已经很成样子。有时,女儿与儿子还会在做音乐的时候吵起来,张杨钧则会抱着手在旁边看。他幼时的梦想,阴差阳错地在儿女的身上看了个满怀,天伦之乐,大抵如是。

余华在《活着》中就说:生命是属于每个人自己的感受,不属于任何别人的看法。未至不惑之年,忘掉外来的赞许正让他变得越发自由,他就像小时候憧憬的那架发出圆润而不腻耳声音的钢琴,每一首在其间弹奏的曲子,都是属于张杨钧的精彩。

责任编辑/沈意

人物 PROFILE

杨隐峰：
在满地六便士中看见月光

□杭商全媒体记者 周珂/文 李靖/摄

加速的AI，加速的新商机。

人类对于出行的想象从未停止。差旅出行是日常出行极为普遍的一种形式。随着企业规模的扩大和国际化的加速，10年间，中国差旅市场体验了一把"增长加速度"。

未来，随着"我要去埃塞俄比亚"的一句简单语音导入，马上，"泛嘉行"APP就会结合客户的需求，计算出全套的企业商旅解决方案。其中，覆盖了几乎所有的出行服务，包含但不限于机票、酒店、火车票、用车、签证……

这样便捷的服务远吗？"确实还需要打磨。这是我们泛嘉创新研究院正在努力的方向，现在已经有demo在小范围地试用了。随着客户的反馈，我们会逐步调整，并将产品效能加工至他们想要的效果。"泛嘉国际创始人、董事长兼CEO杨隐峰如是说。

回溯古往今来的出行史，很多天马行空的幻想已然成真。举目远望，已获智能出行领域"Pre独角兽"称号的泛嘉国际走上了比之同类型企业更为领先的道路——以AI赋能，为各行各业不同规模的企业建模，通过结合领域内的趋势以及企业自身特质的大数据，让企业不费力地选择未来的发展方向。

《海上钢琴师》曾有这样一句话：阻止我脚步的，并不是我所看见的，而是我所无法看见的。现在是这样一个时代，信息随处可见，数据俯拾皆是。泛嘉国际埋头挖掘最具价值的资源，提供最具竞争力的服务，可以想见，其绵延的力量自然足够深远，让人赞叹。

不期而遇的发芽

缘分之奇妙，真真妙不可言。

10余年前，杨隐峰大概不会想到，作为业余爱好之一的乒乓球会将他引入商旅服务业中。从湖南小镇的懵懂成长，北上西安的漫漫求学路，再到怀揣700元前往杭州的孤注一掷，这三个城市将杨隐峰的人生轨迹勾勒得清清楚楚。大道至简，这几个最简单的选择，成为杨隐峰最纯粹最极致的体现——他做他认为正确的事情，并且愿意为所有的选择负责。

向南寻梦，一腔孤勇，杨隐峰来到了人生地不熟的杭州。所有关于创造的故事几乎都是这样的峰回路转，他遭遇了与想象中美好愿景截然不同的现实。在久觅工作无果后，入职一家五星级酒店，成为一名乒乓球陪练，"这份工作按时薪算，1小时100元，其实工资还挺高的，就

> 从1到2，从2到3，这并不难。但是从0创造出1，哪怕是100个凡人也不可能做到，这需要天才的灵感。杨隐峰是一个自律且谦虚的人，他从不认为自己是天才，他只是始终正视泛嘉所面临的压力，并且通过一切方法来守护这朵萤火，让其越开越旺。

人物 PROFILE

是跟设想的未来没有那么相符。"

但渐渐地,在接触到很多企业高管后,这份工作成为他看见世界的一扇窗。高超的技艺、强烈的同理心,为他俘获了不小的人气,"大家相处得很融洽,他们也没什么架子,愿意跟我分享包括企业发展、企业管理、未来趋势等方面的事情。"听的多了,杨隐峰在总结中发现,大家似乎都遇到了企业出行的难题,有时是昂贵的费用,有时是复杂的报销,有时会是不便的沟通。

杨隐峰晓畅,自己的未来约莫要不一样了。

想做就做的有志青年不愿辜负青春好时光。

马上,他受球友邀请做起了销售,着实体验了一把"空中飞人"的忙碌。从自己实践中来的经历,从他人口中描绘的苦处,他知道,时间到了。

2009年,杨隐峰开始创业,成立了杭州泛嘉航空服务有限公司,时年正值经济危机。

"我们要做的是整体的打包服务。可以说,在那个时候的那个领域,我们就是中国的第一,也是中国的唯一。我清楚,我在做一件绝对正确的事情,外部环境无法干扰我。"3~5个员工、140平方米的毛坯房、一辆电动车,立起了之后泛嘉国际的脊梁。装修、保洁、跑业务、做服务,杨隐峰将自己及最初的团队1人当3人用,大家肩上背着各色票据,风风火火地穿梭在大大小小的路上,让信任随着每一次的使命必达进行流递。

企业虽小,定位却坚。杨隐峰坚持同上规模的企业合作。可商场中有一个约定俗成的习惯:相当规模的企业,要对称相当规模的服务。泛嘉航空不过小小一粟,何来巨大能量的订单?跑,不厌其烦地跑!

信息的不透明,决定了串联供应链的艰难。其中数值最大的一块,是对于航空公司的花销。泛嘉航空自一开始,便延伸互联网对商旅行业的可能性改造,将机票作为切入点,打包整体服务,真正做出差异化。

"每次跟大公司负责人见面的时间只有不到10分钟。我要在这几分钟里将我们的商业逻辑讲通,让他们知道,泛嘉航空值得托付。"对行业的了解,以及对自己的剖析,于是绽放了一个夜空的烟花,泛嘉的第一个重量级客户出现了——浙江东南网架股份有限公司。

巨大的突破正式表明,杨隐峰成功地将互联网动能导入传统商旅服务业之中。不过,年轻的领航人很快便不满足互联网参与其中的小小比例,他要通过精准计算知道每个员工每一公里的出行费用,以此来合理控制企业出行的成本。

2010年,杨隐峰成立杭州泛嘉科技有限公司。他是一个勇敢的人,也可以说,他是一个疯狂的人。2010年,杨隐峰将泛嘉航空所赚悉数投入泛嘉科技,用于收集原始数据。这是一个积累而见不到成效的必然过程,这一年,泛嘉科技亏损了100余万元。

大家把精力压在了数据上。按照手头的客户名册,从传统的电话揽客开始,不厌其烦地搜罗能够搜罗的一切。寒来暑往,暑往寒来,泛嘉科技的数据系统逐步完善。有些人能清楚地听见自己的声音并且遵循它,他们不是成了疯子,就是成了传说。杨隐峰就是这类人。他笃定地相信自己,迈着坚实的步伐,就这么一步一步走到了自己的迦南胜地。

以滚烫心血浇灌

从1到2,从2到3,这并不难。但是从0创造出1,哪怕是一百个凡人也不可能做到,这需要天才的灵感。杨隐峰是一个自律且谦虚的人,他从不认为自己是天才,他只是始终正视泛嘉所面临的压力,并且通过一切方法来守护这朵萤火,让其越开越旺。

作为国内这一领域的先驱,泛嘉科技没有可借鉴的案例。杨隐峰只能将目光移至海外,去分析国际前沿产品。但要与中国国情相结合,实属不易。泛嘉科技在信息开发阶段,碰了无数的壁，走了无数的弯路。其研发出来的产品，与国人习惯的体验完全不同，总不能满足客户的真正需求。高要求的技术、不稳定的系统，泛嘉科技在一次次的失败中前行，"我知道我们做的事是对的，这就是未来的发展趋势。所以包括我在内的团队，不肯停下，也不肯放弃，我们永不死心。哪怕一个很简单的订票流程，我们也最起码修改了有10版"。

事实证明，在正确方向之上的坚持，会回以甘甜的回报。通过数据化智能管控，结合服务流程，收集企业的信息化需求，完善闭环的产品服务，不停围绕提高企业效率，他们打磨出了"泛嘉行"APP，全新开篇正式铺设。

发起需求，差旅申请，差旅审批，行程规划，在线预订，订单支付，费用报销，差旅数据，一次行程通过指尖点点便在"泛嘉行"APP中完成了。

这是综合丰富的企业服务经验和信息化的出行解决方案打造出的精准化管理系统，为企业节约出行成本，为员工提供优质服务。在初踏入泛嘉国际办公场所的时候，所有人都会被一块led屏吸引，上面不断滚动着业务订单占比、企业每公里成本、企业节约排行、接机动态、出行数据、行为动态等数据，最终定格为一个数字，"累计为合作企业合理节省出行费用超1.96亿元"（截止到采访当日）。

其间，杨隐峰还成立了杭州泛嘉国际旅行社，正式聚集了泛嘉国际的三大核心业务，打通线上线下服务，搭建了集出行OA审批、行程规划、航空及酒店预订、专车接送、机场贵宾服务、出国签证、会务旅游于一体的智能服务平台。

商业的本质依然是差价和佣金。如何获得？提供优中之优的服务。越发完善的"泛嘉行"还在开拓着更大的市场，"我们会根据客户所遇到的不合理情况进行完善。比如，很多企业会用'一刀切'的方式进行工作，上海与陕西的住宿规格竟然是一样的。'泛嘉行'则会通过大数据的分析，创立不同的等级与标准，避免成本的耗损。"

不善言辞的杨隐峰在说起产品时的滔滔不绝，是一种反差，更是一种闪光。毛姆在《月亮与六便士》中写过这样一句话：追逐梦想就是追逐自己的厄运，在满地都是六便士的街上，要抬起头看见月光。杨隐峰将热爱投注于事业，用行动帮助企业。他将产品称为"泛嘉行"，他的个人经历则与工作紧密捆绑起来，并成就了一段实实在在的"隐峰行"。

在这里，他提供"一站式"出行服务，提高财务核算和票据管理工作效率，减少出行的繁杂事务。在创造中，不管是"泛嘉行"还是"隐峰行"，都在欲与天公试比高。

出国服务便是后来才耕耘的一块业务。国际化市场，企业要走国际化之路，这自然要求泛嘉开拓更加长远的供应链，"其实呀，应该说，是客户将我们带到了国外"。

整合客户所到之处的酒店、安排出行路线、找好导游与翻译是必不可少的环节。可还是会有惊心动魄的可能。一些企业会到政局不稳定的地方投项目，此时，泛嘉的分析团队会第一时间告知情况，帮助他们安排回程。

于强者而言，生活永远包含更为广阔的意义，突破才是主食，进一步有进一步的欢喜。那块闪耀着为企业节约超1.96亿元出行费用的led屏便是镜子，通过镜面，我们能够看到他饱含的初心，他的社会责任——缔造企业服务数字经济体，让全球合作伙伴幸福出行。

将服务反推的蜕变

不间断地学习往往出现在功成名就的人身上。他们背负着社会各类人士的艳羡，其实拥抱的是巨大的压力，杨隐峰便是其中一员。

他于2015年投入浙江工业大学，就读MBA课程。其间，他荣获了"浙工大MBA年度最具成长新浙商奖"以及2016年度浙江工业大学MBA学术竞赛奖。

人物 PROFILE

对于拿奖这件事，内敛的杨隐峰有种锋利的自信，"我们的项目是无数次打磨之后的产物。在汇报时，我不用通过PPT进行辅助，而是打开'APP'，告诉大家，我们做了什么事情，未来还会做哪些事情。这个未来是可期的。我相信，评委与社会对执着的企业家、企业还是会认可的。"

与时俱进也是杨隐峰的代名词。当前，数字经济正成为驱动我国经济发展的重要力量。发展信息科技是泛嘉国际坚定的方向。2个小时的采访过程，杨隐峰提到最多次的名词便是"数字经济"。泛嘉国际自主研发的智能出行系统泛嘉行APP现已获得多项国家专利与软件著作权。这并不够，他还成立了创新研究院，专注于帮助企业进行数字化转型。上千人会议的行程安排，企业只需要1名工作人员与泛嘉国际进行对接，就能零失误完成，极大地为企业节省了人力物力。

通过综合数据的分析，提高的是杨隐峰心中的成功率，"信息技术已成为推动全球产业变革的核心力量，并不断集聚着更多的创新资源与要素。数字决策会给到企业主无限大的价值，这是我们促进客户发展的必由途径"。

他想让泛嘉国际将大数据渗透到各行各业中去，对每个行业进行深入研究。于是，做模型、进行迭代、优化数据，然后告知企业其数据情况，"我们将各个维度精细化，把各个服务准确化，泛嘉国际早已不只是一家商旅服务商了，而是能给企业决策方向带来助力的机构"！

给企业建模，在不知不觉间，这似乎又成了泛嘉国际在商旅领域的第一。其专业化与精准发力，吸引了一批知名大型企业。截至目前，泛嘉国际已服务超过1000家上市公司及大型企业，包括网易、绿城、万向、东芝、农夫山泉、传化、苏泊尔、公牛电器、NBL、财通证券、美的集团等。

其实，于此处深钻，颇有些高处不胜寒的切切。

杨隐峰表态，方向是一回事，执行力又是另一回事。该项目需有数量极多的高学历高能力人才助阵。其实，创新研究院已经集结了这个地域最优秀的工程师了，他们的工作场所是整个大厦亮灯最早熄灯最晚的地方。而杨隐峰，则是陪着他们夙兴夜寐的那盏灯。他总笑着说，"我的时间已经被助理安排得明明白白，但我还是珍惜与大家一起拼搏的时光"。

只身来杭州闯荡的他，怀揣着滚烫的梦，不敢负流年。

大学里，杨隐峰热爱音乐，与几位同好组建了一支乐队。如今，音符仍然流淌在他周身，只是这音符中，有了更为铿锵的决心。就在不久前，在他们玩音乐的录音棚里，杨隐峰填了为公司所做的歌词，里面写道：我们的事啊，追梦的朋友，深夜的街头。千难万险都不能阻挡追梦的路，这是我们的时代。

杨隐峰在将这个音乐作品分享给杭商记者时，整个人轻轻地摇晃，仿若那时那刻，他正抱着一把吉他在吟唱。于是，隔了一个十年，我们在光阴中看到了曾经稚嫩的青年。以前，他将音乐视为璀璨的烟花，拥有爆裂的锋芒；如今，他将音乐作为厚重的剑鞘，重剑也无锋。

这个十年，有音乐，更有思考，返璞归真的思考。

当杭商记者问，您这十年最大的收获是什么时，杨隐峰不假思索地回答，心善自有天助。泛嘉国际做的事情，是抵达企业的至微深处，断其沉疴宿疾。领导这艘大船的杨隐峰，则喜欢用善心来传达连绵的问候与理解。他像是一棵树，呈现脉络中滚烫的馨香，以笔直的温柔荫蔽一方天地，结出累累的果实。

责任编辑/楼燕红

安 全 / 绿 色 / 高 效

节 能 减 排 超 低 排 放

温 暖，无 微 不 至！

    公司始建于1995年，系为萧山经济技术开发区、城市新区及周边地区集中供热的热电联产企业，是国家鼓励支持的产业，是萧山开发区国资公司的全资企业。

    目前公司共有热用户84家，20余年来在降低热用户生产成本和保护环境、节约能源等方面发挥了重要的作用。

    公司先后5次，共投入2.2亿元对烟气污染物排放进行技术改造，到2016年6月30日全面完成锅炉烟气超低排放改造，经杭州市环保部门检测，烟气排放达到超低排放。在G20杭州峰会期间成为区内唯一一家正常生产的热电企业，所排放数据全部由省、市、区环保部门实时检测，为萧山环保事业做出了应有的贡献。

    2016年下半年烟气超低排放设施投运以来，经环保部门检测，公司2017年均实际排放值：二氧化硫为15.25mg/m³、氮氧化物为34.05mg/m³、烟尘为0.38mg/m³，数值分别只有特别排放限值的43.57%、68.1%和7.6%，远远低于国家特别排放标准，同时也低于燃烧天然气的标准，超低排放名副其实。

    达标排放是我们的责任，我公司将竭尽全力确保环保工作正常开展，合格排放，为萧山的蓝天白云做一份贡献。

杭州萧山经济技术开发区热电有限公司

地址：杭州市萧山区北干街道塘湾村88号   邮编：311201   电话：0571-22862666   传真：0571-22862680

人物 PROFILE

章家琪：爱的第一站

杭商全媒体记者 李洁/文 李靖/摄

■ 妈咪呗呗月子中心湘湖店总经理章家琪

遍历吾乡胜，湘湖景更幽。水遥青霭合，波静白云浮。隐匿在烟雨蒙蒙的湘湖中，章家琪做着一份与爱息息相关的事业。

2018年，26岁的章家琪结束了近10年的美国留学生涯，回到故乡，静心于湘湖，打造了一个爱的家园——妈咪呗呗月子中心湘湖店。

1年下来，数以百计的新生儿在这里度过了人生之初的美好时光，在初为人母的日子中，新手妈妈们被温暖而贴心的服务萦绕，感动满满。对于这些家庭来说，章家琪所经营的更像是爱的第一站。

不少人好奇，一个尚未成家的大男孩，为何对母婴行业情有独钟？对此章家琪说："母婴是一片新的蓝海，我想用全新的思维，高标准定位，做到行业标杆。"

专业，专注

行驶过清幽的湘湖路，晨光涵香，平湖静无波澜。每天，章家琪都会赶在9点前，抵达湘湖驿站的妈咪呗呗。醉心于湘湖的宁静，临湖而居，静养身心，这是他将月子中心落于此地的原因所在。

沿着湘湖路拾级而上，章家琪把《杭商》记者带到了依山傍水的妈咪呗呗湘湖店。在一系列严格的消毒流程之后，进入中心参观，他向记者介绍了其中细致入微的服务与设施。凡事亲力亲为，他对每项工作了然于心，巡店与例会是他工作的日常。章家琪相信，细节决定成败，成功之道正潜藏在看似琐碎的小事中。

妈咪呗呗主打台式月子理念，温馨的布置、细致的照护，处处透着暖意。

专业是章家琪一再强调的关键词。中心的护理团队，不仅具备国家护士资格证书，公立医院临床经验，在正式入职前还需要经过产后护理服务的岗前培训。每月的专业技能考核、理论知识考试、情景演练模拟，都不断提升着团队的综合能力。值得一提的是，在妈咪呗呗，护理团队24小时轮班照护，按照专业的护理标准书写护理记录，做到安全专业，让妈妈们更安心。

在这里，关爱无处不在。医疗级别新风过滤系统，每小时换气8次；独有的负压隔离室和独立排风系统，有效防止病毒交叉感染；全区域无死角视频监控；一对一24小时宝宝实时远程视讯系统，随时随地打开手机就可看到宝宝动态。每晚20:00~21:00定时紫外线消毒。层层措施，打造出安全无病菌婴儿室，让宝宝健康成长。位于一楼的宝宝中心是全省首家360度全玻璃透明的宝宝中心，玻璃采用倾斜式设计，让妈妈离宝宝更近一点。

食物于身心的滋养潜移默化，美味又营养的月子餐，对妈妈们来说尤其重要。在妈咪呗呗湘湖店，《杭商》记者见到了来自台湾的资深月子餐主厨林政佑，他与母婴专家们联手精心烹调，根据产妇身体状态和饮食习惯，打造最适合产妇修养恢复的营养美味膳食。

主厨林政佑介绍，在食材选择上，中心的原则是不熏硫、无添加、没有化学加工，坚持用当季果蔬造就舌尖美味；精选台湾的安全中药材，针对进口中草药有严苛检验标准，避免中草药炮制不当、农药残留和重金属超标的问题，让妈妈月子膳食吃出营养，食之安心。

度过了温暖贴心的月子时光，但妈咪呗呗与妈妈们的连接不止于此。在中心"一站式"的服务中，产后康复是重要一环。在"六大康复体系"的科学调理下，呗呗家辣妈们得以养成由内而外的美丽终身。

如此用心关怀，是因为章家琪希望，为每一段崭新的生活开启圆满的生命故事。那是人生最好的礼赞。

温暖，温情

将月子中心打理得井井有条，在本质上，章家琪是细腻而热情的。本科时在美国学习酒店管理，接待客人，迎来送往的过程让他乐在其中——用细致的服务，带给人们宾至如归的享受，使每一段旅程更具温情。

通过酒店工作的经历，他总结出一条规则：大堂吧是酒店的灵魂。"出差在外，人们会想就近找地方喝东西，放松一下。一个Bar的好坏，常常是吸引客人的要素之一。受欢迎的大堂吧往往具有舒适的环境和专业化的服务。"

将这一理念融会贯通，章家琪在妈咪呗呗湘湖店打造了一个充满温情的大堂会客厅。这里是小资的书吧，是活动丰富的妈咪教室，是电影放映厅，也是妈妈们接待亲朋的Coffee House。

临近新年，中心换上了暖意融融的新装，置

人物 PROFILE

身其中，亲切感油然而生。进入大堂，记者见到了最新一期呗家学堂课程表。周二塑心普拉提，周三产后心理咨询课，周四台湾营养师的育儿课，周五手工制作新年福袋，周六台湾手工达人教授禅绕画……呗妈课堂里除了让新手妈妈学到离开月子中心时能具备独自照顾宝宝的知识与技能外，丰繁的生活艺术课程也舒缓了新妈妈的焦虑情绪，让她们轻松"玩"过整个月子期。

章家琪介绍，呗妈课堂是妈咪呗呗用心打造的贴心服务，集实用性、知识性、趣味性于一体。妈妈课堂很多月子中心都在做，但呗家的课堂在主题选择、老师邀请、流程设计上讲求品质，精致有趣。很多妈妈冲着这项服务来，甚至出住后仍希望参加相应课程。台湾深厚的人文底蕴和多角度的生活态度给予呗妈课堂丰富的内涵与独特魅力。

除此之外，章家琪在靠窗的区域设置了书吧——这里放置的书籍多与幼儿教养、健康饮食有关，为妈妈们提供了科学健康的"育儿教程"。临湖而坐，和闺蜜享受清幽的下午茶，或是和中心的妈妈们分享好电影，是多惬意的事。

事实上，中心的每一处设计都是章家琪的用心之作。走道用MUJI风的书架装点，其中置满了呗家宝宝的全家福，每一张画面背后都是幸福的故事。中心有28间房，每一间都别具一格、各具匠心。在房间中，章家琪刻意设置了飘窗，伴着钟灵秀丽的湘湖山水，新妈妈可以安稳舒适地品茗阅读，徜徉在诗意的日子里。与飘窗配套的置物台也经过特殊设计，小小的桌台能够随意移动，推送到妈妈们想让它去的任何地方。

这份事业，让章家琪结识了不少宝爸宝妈，闲聊时不经意的流露，都成为他提升服务的路径。

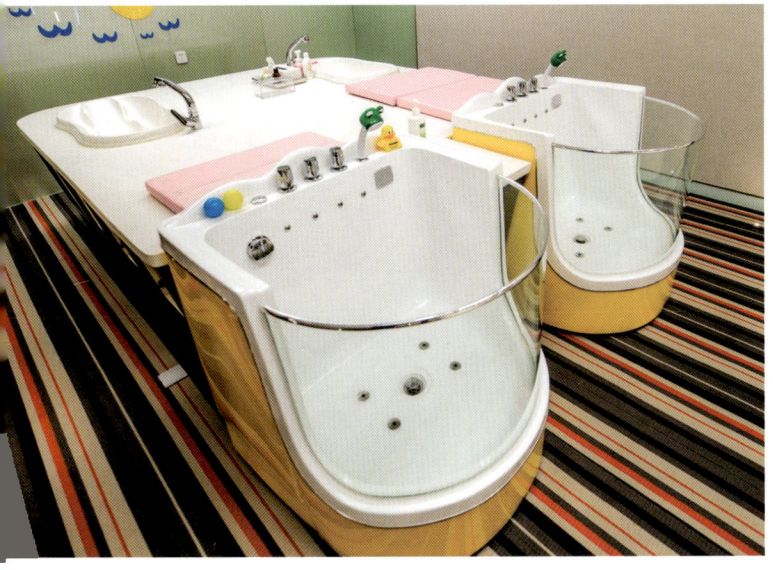

例如，在了解宝爸用餐偏好后为其定制菜肴；为外地的宝妈提供带有家乡特色的月子餐；派专车到医院接送产妇，将关爱做到极致……

带着喜悦专注其中，为每个新生命、新家庭打造爱的第一站。章家琪希望把妈咪呗呗湘湖店做成品牌，成为标杆，用专业的品质为行业赋能，倾注爱与温暖。

妈咪呗呗月子中心湘湖店
地址：杭州市萧山区湘湖路337号湘湖驿站酒店2号楼3楼　电话：0571-82338333

责任编辑/沈意

人物 PROFILE

钱小伟：一个麻醉医生的自白

□杭商全媒体记者 邹 芸/文 徐青青/摄

专家名片

钱小伟，浙江大学医学院附属妇产科医院麻醉科负责人、副主任医师、浙江大学麻醉学博士，曾为京都大学访问学者。现任浙江大学麻醉学硕士生导师、中华医学会麻醉学分会麻醉质量与管理委员、浙江省优秀青年麻醉医师。主持国家自然科学基金和省部级课题2项，主参国家自然科学基金多项，以第一作者在国际期刊发表英文论著近10篇。

> 我是钱小伟，浙江大学医学院附属妇产科医院的一名麻醉科医生。
>
> 在大多数人的认知中，麻醉科医生似乎就只是在手术前给患者打一针麻醉药。手术室内外，患者很多时候并不知道我们姓甚名谁。
>
> 其实，我们业内有一句俗话——外科医生是治病的，麻醉医生是保命的。关于麻醉医生的工作，多的是你不知道的事。
>
> 3月25日至3月31日是中国麻醉周，那么让我来和你说一说麻醉科的故事。

麻醉就是打一针？哪有这么简单

我们做麻醉医生的，都听过这样一个笑话：在美国，几个医生在一起聚会，麻醉医生因为收入最高而受到其他医生的质疑，外科医生尤为不满，他对麻醉科医生说，你只负责打麻醉药，其他事情可都是我在做呀。麻醉科医生笑笑说，我打麻醉这个技术本身不需要很高工资，但是，我打完以后就不负责病人安全了，我就可以离开手术室了，这样可以吗？于是，包括外科医生在内的所有医生都沉默了。

的确，在手术过程中，患者的麻醉效果、麻醉深度、患者生命体征的监测、患者生命体征和内环境的维持，以及术后镇痛的准备等，基本都是我们麻醉医生的工作。

比如我曾经就处理过这样一件事。患者是一位前来看急诊的老人，年过七旬。感染性休克加肠梗阻，到医院的时候情况已经非常危急，各项生命体征都不乐观。我们马上对她进行了手术，手术开始前快速地进行了桡动脉穿刺和颈内静脉穿刺，连续监测动脉血压和补充液体，我尽了自己最大的努力，让她的血压、心率和电解质指标等尽可能地接近正常。这件事说起来容易，但操作起来并不简单，需要大量的知识储备和实践技能，还需要良好的应变能力。手术结束若干天后，我遇见了这位患者的主刀医生，他告诉我这个患者现在离开ICU住进普通病房，已经可以吃稀饭了。他还特别向我表示了感谢，因为他心里知道，这个病人当时的情况其实非常糟糕，如果我在麻醉和管理上做得不足够好，这位患者即使保住了性命，术后也可能会非常差。

人物 PROFILE

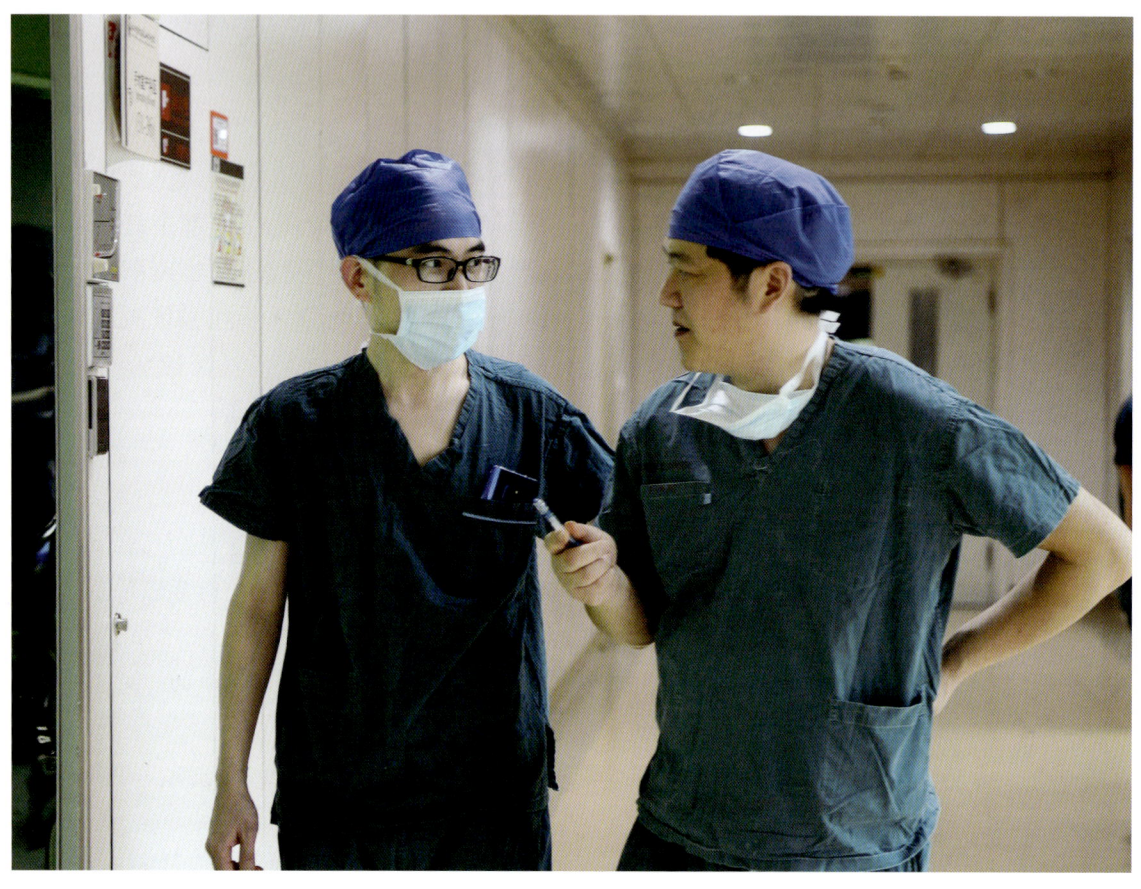

■ 钱小伟和他的队友

所以，做麻醉医生，并不是打一针那么简单。手术中患者的血压、心率、血液电解质和酸碱平衡等人体内环境指标，都需要麻醉医生密切注意，并及时做出调整。一个好的麻醉医生除了要麻醉技术过硬外，还需要熟悉疾病的病理生理，同时重视麻醉管理理念。这些都是麻醉医生必须要练就的"软"功夫。

麻醉学的书都特别厚，因为麻醉涉及人体内的各个器官的生理特点、麻醉药的药理、麻醉学技术、危重病处理以及各种麻醉引起的并发症的处理等。不过一个麻醉医生掌握这些知识只是基本的，想要把工作做好，还需要勤学苦练。例如大家眼中的"打一针"，背后其实也需要麻醉医师掌握许许多多的知识和技术，并需要勤学苦练多年才可以单独熟练应用于临床。

就拿大家平常说的半身麻醉来讲，我们称为椎管内麻醉。很多人都认为这个就是腰上戳一针，病人就麻醉了，其实这项工作挺精细的。硬膜外麻醉是椎管内麻醉的一种，需要把麻醉药物注射到椎管内的硬膜外间隙，这个腔隙在解剖结构上非常的窄，只是几毫米宽的潜在性间隙，而且在麻醉操作时肉眼是看不见腔隙的。这就得考验麻醉医生手上的功力，这一针戳深戳浅了都不行，必须要打到这几毫米的间隙里，一点都不能错。如果针扎到血管，麻醉药物误入血管，会导致严重的心脏抑制，严重的会导致心脏骤停。如果针扎破硬膜进入蛛网膜而没有被发现，硬膜外麻醉药物误入蛛网膜下腔会导致严重的全脊髓麻醉，后果十分严重。如果针损伤神经，则可能导致患者伤残。

至于全身麻醉，那就更复杂了。全身麻醉并不是给患者注射一点麻醉药物，病人睡着了就行，需要达到镇痛、肌肉松弛、镇静催眠等效果。施行全麻手术的病人是需要插气管导管的，而插气管导管这项工作，虽然不像椎管内麻醉那样看不见摸不着，但对技术的要求是很高的，病人的气道、舌头、声带等软组织都不能损伤，这就需要你手上的感觉跟经验。如果在做全身麻醉时，遇到困难气道，气管导管插不进，那情况会更危急，处理不好就会直接威胁到患者的生命。

除了妇科和外科手术需要全麻外，我们这里产科全麻手术也是相对其他综合性医院较多的。产科全麻有其特殊性，在麻醉操作中需要考虑到胎儿的情况。因为大多数全身麻醉药物如镇静催眠药和镇痛药是会通过胎盘的，如果全麻药物选择和使用时机不当，会导致新生儿出生时发生严重的呼吸抑制。此外，紧急需要全麻的产妇，大多不是空腹的，在实施全麻和插管的过程中，由于全麻药物松弛胃食管括约肌，胃里的食物有可能误吸到肺里，导致窒息或严重的肺炎，危及产妇和胎儿生命。这就需要麻醉医生以高超的技能来保证产妇和胎儿的安全。

产妇大出血也是产科手术中一个非常棘手但却比较常见的状况。产妇出血一般都特别快，有的时候一下子就出了三五千毫升，这样的出血会导致血压骤降，血液氧不足，器官灌注不足，危及产妇生命。这时候，麻醉医生就要立刻采取快速输液输血，维持她的血压和内环境的稳定，使用各种措施避免出现血液凝血功能障碍等，必要时需要紧急气管插管全身麻醉。

值得一提的是，作为在全国妇产科医院中的排头兵，我们浙大妇院在自体血回输方面也是走在全国前列的。刚才说到产科出血非常快、非常急，可是到血库拿血回输给产妇有一套程序，一来一回最快也得半小时，很多产妇等不到血库的血就已经休克了，所以自体血回输的应用就非常必要。

什么叫产科自体血回输？就是用一台机器把产妇自己流的血洗出来，然后马上回输给产妇。这样做，一来不需要去做血型交叉配比，也不用先做医嘱再去血库取血，既安全又快捷；二来自体血与异体血相比，感染其他病毒风险也会大大降低；三来自体血回输更为经济。2018年，我们共完成了443例自体血回输，回输总量近9万毫升浓缩红细胞。按照100毫升浓缩红细胞需要400毫升血液提取来算，需要2000多人每人献200毫升血。请允许我补充一句，手术室里，这项自体血回输的工作，也是由麻醉医生为主导来进行的。

总而言之，麻醉就是一个非常细致、精准的工作，不允许出现丝毫差错。我曾经在日本京都大学做过访问学者。日本医院里严格的程序和精益管理让我很受益。他们工匠般追求完美的精神，也使我如今在管理岗位时刻要求自己。有人说麻醉医生天天待在见不到阳光的手术室，但我觉得，这份事业本身就已经散发光芒。有人说麻醉医生戴着口罩和帽子，患者见不到其长相，但我觉得我们是"隐形侠"，时刻保护着患者的安全。我们经常奔跑在医院的各个场所，紧急为各种危重患者气管插管和抢救。

去年一位术后老年患者因为术前就咳痰较多，在术后的当天夜里，睡着后发生痰液阻塞气管窒息，我记得我就是"飞奔"去做气管插管的。当时一屋子医护人员在抢救，当班麻醉医师气管插管失败，情况危急，该患者头颈很胖很短，插管困难。患者已经口唇青紫，心率和氧饱和度骤降，当时我没有多想，很快将气管导管插进，那一瞬间，很多绿痰从气管导管喷涌而出，几乎堵住导管，但是总算可以通气了，患者后来恢复很好，第二天拔了气管导管，老人精神饱满。

我为什么重视科研

这两年，有句流行语叫谁都不容易。我想做医生的对这句话肯定都特别有体会。客观上说，

人物 PROFILE

中国的医患比例是失调的，在我们麻醉学领域，这个矛盾更为突出。在世界上一些发达国家，麻醉医生与外科医生的比例大约在1∶3，但我国目前的现状是约1∶8，总量上，麻醉医生仅有8万多名，是严重短缺的。当然现在国家也在加大力度培养麻醉学人才，但就眼前来看，麻醉医生的工作量是非常大的。今年年初的时候，我们做过一个统计，2018年我们科室50名麻醉医生一共做了大大小小5万例麻醉，也就是人均1千例麻醉，这个工作强度是非常大的。

我们私底下把值夜班戏称为"仰卧起坐"，因为一个晚上基本上没有几分钟能躺下来休息的，只要有手术需求，就必须马上起来，而且每台手术都是要全程陪伴监护的。我记得仅是无痛分娩这一项工作，我们科室的最高纪录是一晚上做了18台。

虽然工作强度很大，但我觉得有能力有精力的临床医生还是应该在科研上多花一些时间。曾经有人和我说，做医生把患者的病看好，给患者减轻痛苦就够了，干嘛还要在科研上花心思。我觉得，这样的观点是不对的。一个医生，医术再高明，也只能帮助到你自己的患者，而如果将经验和学识形成学术成果发表，就可以帮助到千千万万的患者。

我举一个简单的例子。比如之前讲到的椎管内麻醉，其麻醉药物使用的合适剂量大多来自国外研究。那么对于中国人，尤其是对于中国的产妇来说，麻醉剂量到底是多少最合适呢？在这方面，我们就做了大量的工作和研究，最终研究出适合中国产妇的最佳麻醉剂量，这样的成果可能就服务于上亿的患者。

还有比如催产素的使用剂量以及注射方式。千万别觉得这是个小事情，因为如果催产素的使用剂量不合适，打多了，就容易导致患者恶心呕吐。你别小看恶心呕吐，这些看似不严重的症状，其实对产妇的愈后是很有影响的。首先，产妇自身的痛苦肯定是增加的；其次，手术的伤口也容易因为呕吐而开裂感染。所以，我们对于剖宫产中催产素的使用也做了大量的研究，得出了一个最佳方式，找到了最合适的剂量，既能够达到效果，也会将产妇的血压波动与不良反应控制在较小的范围。

目前我们还在研究产妇剖宫产术中低血压的治疗和预防研究，为更多产妇术中提供更加安全的血压升压药和剂量，意义重大。以上研究的相关的数据，有的我已经发表在国际期刊，有的我正在投稿，有的我正在整理中，并准备将其发表在国际期刊上。

这些都是基础性的工作，但基础性的工作有时候蕴藏着改变世界的力量。我觉得如果医生都只注重做临床治疗，而不去做学术研究，那么可能人们永远都无法探索出哪一个蛋白、哪一个分子可以抑制肿瘤、艾滋病毒。所以，科研是非常重要且有价值的。

在本就高强度的工作下做科研，确实是不容易的。但不容易的事往往是最重要的、最有意义的。临床工作与科研两条腿走路，我想这样才能走得更远。

关于无痛分娩，我讲给你听

前年，陕西榆林的一名产妇因为疼痛难忍而选择跳楼的悲剧，让无痛分娩被更多的人所认识。作为浙大妇院的麻醉科医生，我也想借这个机会和大家说一说无痛分娩。

无痛分娩，在医学上其实被称为分娩镇痛，是指使用各种办法减轻产妇分娩时的痛苦。当然，今天我们在说到无痛分娩的时候，基本上是特指在产妇分娩过程中，采取硬膜外麻醉的方式，使产妇骨盆腔肌肉放松，产痛减少，这也是国际医学界应用最广泛的方式。

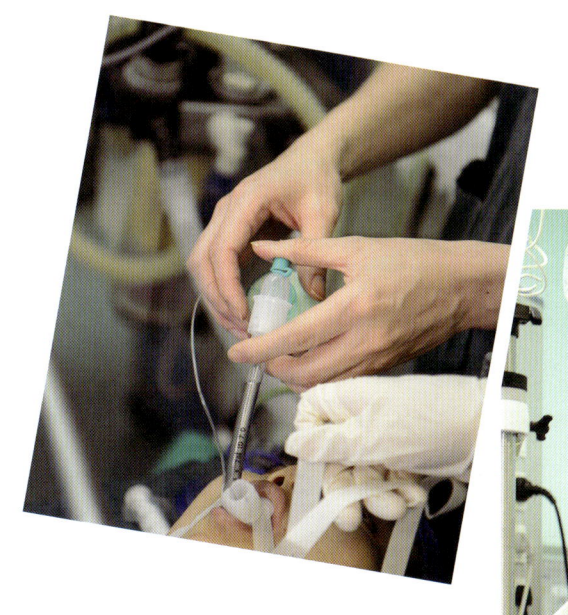

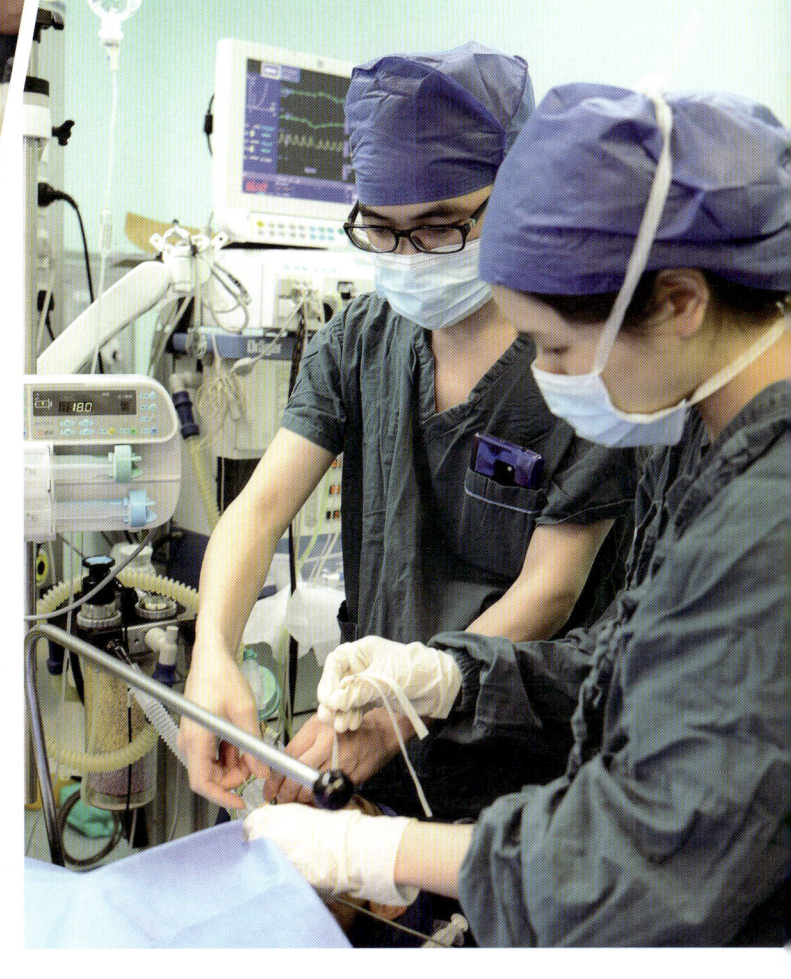

■钱小伟在手术中

分娩镇痛什么时候可以开始,也就是什么时候可以打大家所说的无痛针?过去通常是认为宫口要开到三厘米,也就是通常说的三指才能打,否则会延长产妇的产程。但是,如今国内外大量的科学研究已经证明,产程的任何一个阶段,只要产妇有需要,就可以打无痛针,产妇无须忍受宫口开到三指前的宫缩疼痛。并且,宫口开到三指再打麻醉药,产妇往往会因为宫缩疼痛而无法很好地配合,反而会增加麻醉的风险。

另外,还有很多人说打了无痛会导致日后腰疼。这个说法是没有科学依据的。在正常情况下,麻醉本身不会导致产妇术后发生严重的腰痛。大部分产妇之所以腰痛,是因为怀孕期间,由于孕激素的作用和生理结构的改变,人体的骨质、韧带会变松,脊柱的支撑力会减弱,同时,产妇因为腹部变大而发生的体态变化,会增加对腰部的压力。这些往往才是产妇产后腰痛的原因。

无痛分娩这项技术在西方一些发达国家普及率已经很高了。我国目前还处在推广阶段,去年年底国家卫生健康委员会发文,提出2018~2020年在全国930家医院开展分娩镇痛试点,并逐步在全国实施分娩镇痛的诊疗。

我们医院在分娩镇痛的推广上,也一直是走在全国前列的。从2005年起,我院就已经开始做这项工作,我们麻醉科每天会安排两位医生,分别在白天和夜晚负责实施分娩镇痛。目前,我们医院的顺产产妇中大约有50%都选择了分娩镇痛,每年有大约1万名产妇选择分娩镇痛,这个数据也是处于全国领先水平的。

推广分娩镇痛,意义是巨大的。只是很多人对分娩镇痛还存在一些怀疑和误解,其实这项技术已经发展得非常成熟,是安全有效地缓解分娩疼痛的方法。我相信,未来会有越来越多的准妈妈,能够因为分娩镇痛,在诞育生命的过程中,少一些痛苦,多一些幸福。

责任编辑/沈意

人物 PROFILE

> 随心、随性、随缘、随愿，邓艳这样形容自己。赠人玫瑰，手有余香，真正的爱，能鼓舞人，唤醒内心沉睡的力量与潜藏的才能。她说："动人的情与爱就像是花。只要在夜晚仰望星空，就会觉得漫天的繁星就像一朵朵盛开的花。"

邓艳：一禅一茶一世界

□杭商全媒体记者　周　珂/文

"这一路走来，我算是幸运儿。"

这句话，在两个小时的采访中，邓艳说了4次。做着"看世界"的行当，去一个新的地方，接触新鲜的人和事，在她生命中逐渐变得稀松平常起来。于她而言，遍地都是游记，"遇见"成了生活的主旋律。她在乱花渐欲迷人眼的大千世界中行走与成长，亲人、爱人、贵人始终不离不弃，感情与日俱增。

"真的是幸运，在工作接触后，很多客户成了我的好朋友。相比之下，他们的阅历比我丰富。有时候我遇到问题，他们给我的一两句指点，可以让我少走不少弯路。祸福总是相依，我感恩那些错误与伤痛，更感恩这期间萌发的动人情义。"邓艳就这么与一个个有缘而来的同路者一起攀登，看见美丽在苍穹显现，更遇见满天的繁星。

三个梦想

如果现在问问自己最初的梦想，大部分人可能已经忘记了，但邓艳依然记得很清楚。

在她小学六年级时，语文老师特地花一节课的时间问这些孩子，你们的梦想是什么？简直就像是条件反射，当一个英姿飒爽的女兵，穿一身绿军装，这样的画面不断地出现在儿时邓艳的脑海中。

可惜，事与愿违，近300度的近视，让她只能无可奈何地与军营梦挥手说再见。随着渐长的年岁，女孩对未知事物充满了好奇心。初中的邓艳，向往着去国外留学，最好是去新加坡，那里有亚洲最好的大学，有世界最高的摩天轮，有滨海花园，也有相对安全的环境，是她憧憬的美丽与知性的殿堂。

人物 PROFILE

后来因为费用的原因，邓艳放弃了她人生中第二个成型的梦想。她祖籍安徽，父亲是农民子弟，早年便来到红垦农场建起了一个酱品厂，日子过得风风火火。等到邓艳长大些，她父亲的生意也越来越好。不过那时出国留学的费用对这个家庭来说，依然是一个天文数字。"我没有跟家里说，怕为难他们。"一家人大抵如是，最害怕的，便是自己的选择让家庭成员感受到压力。

保罗·戈埃罗在《朝圣》中说："我们扼杀自己梦想的第一个征兆，是没有时间；扼杀梦想的第二个征兆，是我们的确信；扼杀梦想的第三个征兆，是和平。"邓艳从不扼杀自己的梦想，相反，她总爱开发自己的梦想。

她的第三个梦想，便为她之后的人生奠定了方向。她想要环游世界，这也是大部分人在脑海里会闪过的念头，但邓艳去做了。她加入了杭州康宇旅行社有限公司。论缘由，可追溯到她甜丝丝的初次旅游，让她至今仍笑得合不拢嘴的美好回忆。

不同于大众印象中的家庭出游，她的第一次旅游，是学校安排的活动，去杭州未来世界，"现在未来世界已经拆了，但快乐真是刻骨铭心。"出游前，邓艳的妈妈给她买了一双新鞋——有搭扣的漂亮芭蕾舞鞋，"我穿着新鞋跳进了海洋球里面，鞋子一下子就找不到了，最后全班同学都在帮我找鞋"。有仪式感的礼物与互帮互助的同学就这样为懵懵懂懂的她打开了旅游梦想的大门。

后来，学校又组织了一次去钱塘江边的野餐。邓艳与同学们一起带上做饭的工具，在老师的指导下洗、切、炒，忙得不亦乐乎。出锅的菜焦了，但团体协作的亲密无间就像是那天清爽的微风，吹到了她心中。

她想，我要在之后的生活中看到所有这些触手可及的美好，而旅游，便是通往美好的钥匙。

所以，哪怕是简单重复的机械工作，她都喜欢称为"看世界"。但世界是不会泄露自己的过去，只会把它像手纹一样藏起来，它被写在街巷的角落、窗棂的护栏、楼梯的扶手上，每一道印记都是抓挠、锯锉、刻凿留下的痕迹。去哪里看，看什么，怎么看，便显得尤为重要。

去看未知的，看风景，看人心。

她在与世界接触的过程中，"看"到了很多很多人，年轻的，年老的。邓艳总能从每个人身上看到自己的影子。

贴合人心的服务

若是初见邓艳，总觉得她像一个邻家的大姐姐，嘴上挂着笑，声音也特别轻柔。说起来，今年是邓艳担任杭州康宇旅行社有限公司总经理的第四个年头了，今年她33岁。

数年前，康宇旅行社面临经济危机，创始人身体状况堪忧，因为哮喘，晚上只能靠坐在沙发中度过。这样的境况总会让人改变对生活的思考。有一天，创始人问邓艳，"要不你把公司接管过去吧？"邓艳脱口而出，"老大，你可真会开玩笑，其他人都比我能干"。

2015年1月8日，邓艳签下了康宇旅行社的转让合同。其间，一位朋友找到邓艳，说希望能跟她一起合伙，但在签约前一天，朋友告诉邓艳，旅游行业不景气，就算了吧。签约前夜，邓艳还在翻来覆去挣扎。后来，她告诉自己，不管成功与否，这都是一次经历与成长。

她在旅行社最低谷时接手，"就发展趋势来说，一年比一年增长。当时国家政策也开放了，很多职工都有一年一次的疗休养，这对旅游业来说，是一件好事"。但现实是，对于还没有完全做好准备的邓艳来说，压力极大。

2017年9月29日，康宇旅行社接待游客量达3980人，创历年之最。那一天，邓艳凌晨4点就来到办公室，为接下来的一天可能发生的未知情况做准备。

那天，旅行社为企业、学校等十多家单位专门定制了旅游路线，总共调动82辆大巴车，配置一位总负责人与一位副领队，导游与工作人员全程跟随。那天，邓艳的手机响个不停，所有人员都向她汇报情况，她协调着所有工作，让大家互相配合，使一切都井然有序。这一天，功德圆满，未出现任何纰漏。这一天，邓艳的名字在杭州旅游圈打响。

康宇是一家以杭州旅游为主打品牌的旅行社，在邓艳看来，走过全世界，还是祖国的大好河山最值得驻足，而杭州，更是其中一颗最耀眼的明珠。满陇桂雨、青藤茶馆、云栖竹径……在脱口而出这些美好的小众景点时，她总是希望能让游客在碰触杭州特色的同时，更能拥有小众但怡人的体验。

从市场中来，是康宇的特色。如今，国内旅游消费升级，亲子旅游成为新的流量入口，康宇推出的亲子军旅活动反响热烈，"我们把地点定在绍兴军旅文化园，那里的教练都是从部队退伍回来的，负责人也是部队转业过来的，家长跟孩子一起体验这样的生活，会在之后的家庭教育中起到良好的作用"。

4年时间，打磨出了一个干练又温柔的邓艳。她会在活动开始之前就向客户告知交通及人文状况，每次活动之后向团领队询问反馈意见，也会实时跟进景点的细小变化。若是遇到客户提出想要去但她觉得并不是很值得去的地方，她也会欣然同行，并在之后带领客户前往更具杭州特色的场所，"我们的工作，除了成为客户出行的'管家'，更是要让他们与美好邂逅"。

有一次，一所学校的校长提出一个需求：想在周日的时候带领学生去湘湖毅行。邓艳查阅了天气，那天会有大雨，她对《杭商》记者说，"就人生而言，应平衡于山水之间。可若是为了这样的形式而忽略身体，便失去了旅行的意义。所以之后我重新提供了几套方案给校长。"实打实做人，心贴心做事，为邓艳与她的康宇赢得了不少志同道合之人。如今，与康宇合作的业务单位有80余家，长期合作的客户更是有上百家。

去梅家坞喝茶，去游夜西湖，康宇所推出的每一个产品，都是康宇人亲身实地考察过、体验过的，包括酒店的早餐、客房的环境、景点的人流量等。面对任何一单生意，邓艳都足够诚恳，释放出的连绵暖意温柔着每一个与她擦肩的人。

你好，路人

邓艳喜喝茶，中国六大名茶，她如数家珍。这次招呼《杭商》记者的，是她朋友的收藏品——老白茶。工艺天然的茶香，入口绵软的滋味，一下便

> 保罗·戈埃罗在《朝圣》中说："我们扼杀自己梦想的第一个征兆，是没有时间；扼杀梦想的第二个征兆，是我们的确信；扼杀梦想的第三个征兆，是和平。"邓艳从不扼杀自己的梦想，相反，她总爱开发自己的梦想。

人物 PROFILE

做着"看世界"的行当，去一个新的地方，接触新鲜的人和事，在她生命中逐渐变得稀松平常起来。于她而言，遍地都是游记，"遇见"成了生活的主旋律。

将人带入一个悠闲舒缓的境地。

她说，喝茶是缘分。刚接管公司的时候，从员工的日常工作到做公司的全局统筹，猝不及防的压力曾差点压垮她，无法抑制的浮躁冲击着她。邓艳想寻找安静，也是那时起，她皈依了佛门，成了在外修行的佛家弟子。喝茶是她寻求宁静的另一个路径，让她得以用一个舒展的身心拥抱外面的世界。

"每天根据不同的心情，选一款适合的茶。"白茶在多年的存放过程中，茶叶内部成分缓慢地发生着变化，香气逐渐挥发，汤色逐渐变红，滋味变得醇和，茶性逐渐由凉转温。邓艳喝了4年，内心里也渐渐变得温和而从容。

她说："因为永远都无法回到那一天，那个时刻。所以不管我们的工作与生活如何循环往复，生命中一点点小小的感动都会给人以无穷的温暖与希望，不要放弃，也万望珍惜。"

侯孝贤在《恋恋风尘》中也说，"活在那一刻是多么不容易，在那一刻是有时间、空间，你是存在的，你是有能量的，在那儿对抗，我感觉这个东西才是活着的，才是过瘾的"。

邓艳用每时每刻的能量，尽已所能地付出，让他人能够感受到这细微的感动。曾有一次，她驱车到钱塘江边寻找可待开发的旅游景点，看到了一位路人很绝望地站在那里。

当接收到这股低气压时，她心头一紧，思索了片刻，上前跟这位路人说，"有些人喜欢表达，有些人喜欢藏着，此刻的你也许有很多话想说，但没找到合适的人。我也只是你生活中的路人，在这里路过，但希望你遇到的困境会过去，未来会更好。"

路人没有说话，邓艳陪了一会儿，转身回到自己的车前。那位路人对邓艳说，"谢谢你"。邓艳安心了。

一个又一个的路人，构成了我们的生活。有些路人最终会成为同行者，也有些路人，就只是路人。但每个路人，都应该被善待，"在他人有需要的时候，哪怕不能陪着到最后，但我们还是要做些什么，让爱传递"。在邓艳看来，生活不易，可困难总是暂时的，人到世上走一遭，都是负重前行，背着使命与责任前进，这便是生活。

邓艳生活中很重要的一块，是公益，是送暖助学，扶贫帮困。公益是一片沃土，用脉脉温情孕育温暖力量，维系人们的大爱之心。就在3月17日，邓艳前往四川省安岳县，以爱心大使的身份，同浙江省阳光公益发展中心的成员一起，对接了68位贫困学子。

"在生存压力面前，他们总是生活在低谷之中，我们要让他们明白，自己不比任何人差，从思想上站起来。"其实，邓艳与浙江省阳光公益发展中心结缘已久，在中心成立之初，邓艳便表示，只要有需求，随叫随到。

曾经，这些孩子们接受着一位律师朋友的匿名资助，但由于突发疾病，律师与世长辞，孩子们有1年的时间没有得到资助。当发展中心希望邓艳能在捐助仪式上发言时，邓艳只提了一条：让孩子们知道这位好心人的存在，为这位好心的叔叔默哀1分钟。

"我们有必要让孩子们知道，为什么在中间的1年里，资助会断掉。其实只是想告诉他们，无论生活多困难，始终有人爱着他们。"在邓艳的朋友圈，很少能够找寻到公益的足迹，她只是默默地做着，"帮助别人的时候，留下姓名会让他们感到压力"。今年妇女节的时候，邓艳给公司员工放了半天假，自己则前往萧山浦阳中心小学，那里有她资助了很久的孩子。

随心、随性、随缘、随愿，邓艳这样形容自己。赠人玫瑰，手有余香，真正的爱，能鼓舞人，唤醒内心沉睡的力量与潜藏的才能。她说："动人的情与爱就像是花。只要在夜晚仰望星空，就会觉得漫天的繁星就像一朵朵盛开的花。"

责任编辑/沈丽萍

人物 PROFILE

李天天和他的丁香园

□杭商全媒体记者 李 洁/文

再过几个月,丁香花盛开的时候,就是李天天创业的第19年。

2000年7月,馥郁芬芳的丁香气息弥漫了哈尔滨市,埋头研究多日的李天天便用丁香命名这个刚建立的网站——丁香园论坛。

当时,李天天正就读于哈尔滨医科大学,他留意到学校师生们面对海量的专业信息,尤其是在初次接触网络时,没有足够的检索技巧,并不能充分利用浩如烟海的互联网信息资源,这一发现促使他萌生了建立专业检索网站的念头。

多年之后,丁香园的创业故事在另一座城市里发芽滋长——2005年丁香园迁址杭州,2018年丁香园完成D轮融资,估值已逾10亿美金。

大众的健康卫士

《一年狂卖7.5亿的洗脑神药,请放过中国老人!》《百亿保健帝国权健,和它阴影下的中国家庭》、长春生物疫苗事件中及时专业的辟谣……丁香园时不时揭开保健领域的丑恶盖子,通过科普的方式,把更健康的生活方式带到大众面前。

一直以来,丁香园有如健康卫士,将谣言各个击破。丁香园对产品的审核有两个标准:无害、有效,即这个东西首先要是无害的,其次它所宣传的效果要符合实际能够达到的效果,不能虚假宣传。

比如,何首乌是有很明确的肾毒性的,一些商家用来宣传它能够生发。另一个例子是燕窝。它的营养价值在很多宣传当中是虚高的,与其花大价钱购买燕窝,不如多吃几个鸡蛋。再如冬虫夏草,其实际上并没有什么神奇的疗效,乱吃甚至可能还会对身体有害。

"这些案例我们都是本着科普的目的在做,在这个过程中,如果对一些人群的购买和判断产生了正面影响,那是我们乐于见到的。"丁香园创始人李天天说。

丁香园的故事众所周知。2000年,李天天在哈尔滨医科大学读硕士时发觉查阅资料非常不便,便萌生了建立个人网站的念头,希望能通过网站的形式,分享自己所学到的知识,并提供资料查阅功能。随后李天天自学了Dream Weaver,当年7月23日的早晨,李天天把网站文件上传到网易提供的50M免费空间里,"丁香园医学文献检索网"正式成立了。在此后的几年间,这个页面粗糙、功能简单的网站,渐渐成为中国医生的精神家园。

如今,丁香园已成为国内最大的医学交流平台,汇聚了550万医药方面的专业用户,其中有220万医生用户,占全国医生总人数的71%。这些专业人才在论坛上面分享他们的所见所闻,丁香园从分享中获取医生、医药人才关注的热点话题、关键词,对医药行业内出现的虚假乱象及时地有所反馈。

"因此,应该说医药行业内的一些乱象不是丁香园去发现的,而是所有的医生和专业人士共同意识到或者说发现到的问题。"在李天天看来,丁香园并没有"揭露"乱象的所谓斗士形象和精神,而是本着创始人以及团队医学出身的初衷,加上公司成立近19年来所形成的企业文化,在坚持做一些丁香园认为正确的事情,这当中就包括健康科普、辟谣以及对行业乱象的一些观察。

医疗健康产业的发电机

在位于滨江江虹路的上峰电商产业园里,丁香园的总部虽然占据了整整5个楼层,但员工已经快坐不下了。

作为中国最大的医疗领域连接者以及数字

人物 PROFILE

化领域专业服务提供商，公司在过去几年里快速发展，打造了中国医疗产业的新模式。

在医生端，丁香园网站、论坛、APP及微信公众号矩阵形成了丁香园数字化生态体系，学术内容涉及40多个治疗领域。2017年，公司重点投入医学在线教育产品线"丁香公开课"。目前，丁香园已经在医学考试、科研、临床等几个方面布局在线教育内容。通过与资深的临床科研工作者合作，推出以丁香公开课为品牌的医学视频和直播课程，整合书籍、医学教育资讯、在线社群服务等，实现教育闭环，打造完整的医学在线教育生态圈。

面向医疗机构，丁香园打造了"丁香通"与"丁香人才"等产品。丁香人才是丁香园旗下的专业医疗行业招聘平台，为医疗机构提供互联网营销解决方案与专业型人力资源解决方案。丁香通是国内领先的生物医药商城，为临床和科研用户的实验室用品、课题服务等咨询以及采购交流信息平台，为生物医药及大健康企业提供产品展示、品牌建设、数据分析以及营销运营咨询等服务。

在商业服务端，丁香园将保险机构、金融机构、医药电商平台等进行整合。通过连接医疗健康领域的利益相关者，丁香园打造了一个依靠数据驱动的医疗服务平台，形成了一个较为完善的服务闭环。

丁香园在大众患者端的布局可以用"ICE"模型来概括。

I指的是Information，信息，即丁香医生新媒体矩阵。2018年，丁香医生新媒体全平台累计完成32亿次阅读。满足用户"看一看"的需求。丁香医生新媒体矩阵包括丁香医生、丁香妈妈、丁香生活研究所、偶尔治愈等在内的10余个微信公众平台，粉丝数超3000万，致力于为用户提供简单、可信赖的医疗信息服务。

C指的是Consultation，沟通、交流，即丁香互联网医院（以丁香医生APP为载体，以下统称丁香医生APP），通过线上问诊为用户提供医疗服务。2017年3月19日，丁香园与银川市政府签约，旗下互联网医院及大数据中心落户银川。

目前，丁香医生APP已经服务近5000万人次，每天有2万个医疗问题在平台上得到解答。满足用户"问一问"的需求。

E指的是Engagement，互动，即丁香诊所。用户通过看一看、问一问仍然无法解决的问题，就需要回到线下，与医生面对面的交流、诊断。丁香诊所的建立完成了丁香园在医疗服务上的闭环，是对线上信息获取和医患交流的补充。线上无法解决的诊断、治疗问题，可以通过线下互动完成。目前丁香园在杭州、福州全资筹建了4家诊所，以美国全科医疗体系为基础，采用预约制，严格遵守循证医学，主要为常见病和慢性病治疗提供服务。

数字经济时代，丁香园提出以"数据驱动、服务医患"为核心的"发电机"战略，即丁香园要像"发电机"那样去深度服务，而不只是一个简单的"连接器"，通过有深度和专业化的服务，助力医生、患者和大众。

2016年，国家发布了《2030 健康中国规划纲要》，倡导健康文明的生活方式，要树立大卫生、大健康的观念，把以治病为中心转变为以人民健康为中心，实现"全民健康"。这正是丁香园一直努力的方向，互联网技术和移动医疗设备的快速发展能够协助基础医疗服务能力的扩展和前移，通过互联网方式进行健康科普教育、实现持续的健康管理和慢病管理已经成为可能，这些对于推进卫生健康事业改革发展，建设"健康中国"具有重大的意义和价值。

作为一位在互联网医疗领域近19年的"老兵"，"让健康更多，让疾病更少"是丁香园的使命初心，丁香园希望能够成为一个拥有社会责任感的企业，通过帮助医生、医院、药企，服务患者，让更多的人能够享受健康产业发展带来的红利。

责任编辑/楼燕红　　供图　丁香园

HYHG 红妍

视 觉 的 盛 宴，梦 幻 的 舞 台 。

HONGYAN

红妍颜料化工

　　杭州红妍颜料化工有限公司创建于1991年，是一家专业研制、生产和销售有机颜料和无机颜料的民营企业，占地35000平方米，总资产达24438万元。

　　公司生产的高、中、低档60多个品种的颜料，广泛用于溶剂油墨、水性油墨、塑料、橡胶、皮革、涂料印花和文教用品等产品的着色，销售网络遍及全国各地，并出口美洲、欧洲、东南亚、中东等60多个国家和地区。

　　自成立以来，公司一直被评为杭州市重合同守信用及信用AAA级企业，2004年被浙江省科技局认定为浙江省科技型中小企业、杭州萧山区高新技术企业、杭州市级企业技术中心，2006年公司跻身于全国同行前四位，2008年获得杭州市名牌产品称号、清洁生产示范企业，2009年获得杭州市著名商标称号。

WWW.HY-PIGMENT.COM

◎地址：杭州市萧山区江东工业区　◎电话：0571-82175109　◎传真：0571-82178666　◎E-mail：mra@hy-pigment.com

　　公司前身是萧山数达机械有限公司，具有20多年的机械加工从业经验，是杭州市级技术研发中心，也是国家级高新技术企业，并已经通过了ISO9001—2008国际质量体系认证，且被授予"国家级高新技术企业"称号。

　　目前公司已有国家发明专利2项，实用新型专利15项，已初步成为一家集研发制造和销售服务为一体的橡机设备制造企业。

　　公司的主要产品是轮胎液压硫化机，如液压四模定型硫化机、液压多层硫化机、液压三层定型硫化机、液压双模定型硫化机、液压双层垫带硫化机、液压工程垫带硫化机、液压机模一体定型硫化机、机械式单模定型硫化机等，公司产品以"优良的品质，实惠的价格，快捷的服务"受到客户的一致好评。

优良的**品质** · 实惠的**价格** · 快捷的**服务**

浙江数通实业有限公司
ZHEJIANG SHUTONG INDUSTRIAL CO., LTD.

地址：杭州市萧山区进化工业区　电话：0571-82356777　82453633
传真：0571-82356978　82356678
Http://www.zjstong.cn　E-mail：zjstong@163.com

设立融资租赁损失补助制度 有效缓解中小企业融资难

□ 谢梅英/文

杭州民营经济发达，市委、市政府高度重视和支持民营经济发展，相继出台了一系列政策措施。而目前国际国内形势严峻，经济下行压力大，民营企业遭遇不少困难，特别是中小微制造类企业融资难融资贵，一直是困扰企业发展的难题之一。各级政府和金融机构大力倡导扶持民营实体经济，但在具体操作层面，由于中小企业本身存在着财务信息不够规范、资产规模小、增信措施缺乏等原因，各级金融机构从风险控制的角度无法高效地支持中小实体经济，而扩大融资租赁则可以为中小实业企业融资提供高效精准的服务。

一、融资租赁的优势

融资租赁是指出租人根据承租人（用户）的请求，与第三方（供货商）订立供货合同，根据此合同，出租人出资购买承租人选定的设备。同时，出租人与承租人订立一项租赁合同，将设备出租给承租人，并向承租人收取一定的租金。

融资租赁是现代化大生产条件下产生的实物信用与银行信用相结合的新型金融服务形式，是集金融、贸易、服务为一体的跨领域、跨部门的交叉行业，是与银行信贷、直接融资、信托、保险并列的五大金融形式之一，也是目前实体经济需求较大的金融产品。由于其具有融资与融物相结合的特点，对拟融资企业的资信和担保要求明显低于其他融资形式，特别适合中小企业融资。

融资租赁在拉动社会投资、加速技术进步、促进消费增长以及在完善金融市场、优化融资结构、降低金融风险方面具有自身的特点和优势：1、融资租赁以租赁物为最终风险控制，风险控制能力强。2、融资租赁信用审核手续相对简单，操作便捷。3、租赁资金以融物的形式取得，不被挪作他用，直接使用于生产经营，有利于企业坚持实业，增强主业。4、不占用企业授信额度，有利于企业通过租赁公司与其他金融机构开展深层次、全方位的合作。5、融资租赁方式灵活，可以根据每个企业的资金实力、销售季节性等设计具体的租赁期限和租金支付方式。

特别是，融资租赁对融入企业而言，融入的往往是技术先进的机械、设备，有利于企业技术更新、升级改造，增强企业发展后劲；对政府而言则是推动制造业转型升级，同时还可以涵养财源，培育税源。因此采取鼓励、引导租赁公司通过融资租赁方式支持实体经济，可以说是一举两得。

二、设立租赁损失补助制度，推动融资租赁业发展

融资租赁业的健康快速发展离不开有利的宏观环境，尤其是政府的政策支持。日本政府在上世纪中叶为促进融资租赁业发展，制订了一系列的扶持政策，主要有政府补助制度、政策性财政融资制度、租赁信用保险制度等。这些扶持政策使交易双方融资成本降到了双方都可以接受的水平，同时也有效降低了融资租赁业的经营风险，鼓励融资租赁公司扩大融资规模，扶持地方实体经济，促进企业技术改造、技术进步和产业升级。其中，最为简捷易行的就是政府补助制度。

为此，笔者建议，借鉴日本政府设立财政专项支出补助补偿融资租赁企业租赁损失制度。具体操作上，政府可以根据当地的产业政策、产业结构发展情况，运用市场机制，明确对符合发展方向的行业、发展规模的企业提供融资租赁服务的企业，地方政府可以通过对融资租赁规模或者行业坏账率基数，分别设定政府财政补助标准。融资租赁公司则依据市场法则，发挥自身的专业优势，自主对申请企业进行风险评估和确定贷款利率。

通过地方政府的政策性财政补助引导，可以有效激发融资租赁公司的业务扩张，推动融资租赁业壮大发展，又能有效降低、分担融资租赁公司潜在的违约风险，同时精准服务中小资本实体制造类企业融资需要、稳定发展和升级改造，助力融资租赁服务更快更大规模的扶持地方实体经济，进而推进地方实体经济的健康发展。

（作者单位：杭州职业技术学院）

责任编辑/楼燕红

建宏 商品混凝土

◎地址：杭州市萧山区市心北路恒逸集团大厦六层
◎邮编：311201　◎E-mail：lwb@longfei.com

TEL:0571-22885069

　　公司投产于1998年10月，是全省首家县级行政区创办的预拌混凝土企业，也是实行新资质标准后，首批被省建设厅核定为行业最高资质的贰级预拌混凝土生产企业，准予生产各种强度等级的混凝土和特种混凝土，企业现已通过ISO9001:2000质量管理体系认证。

　　企业为浙江省物产集团旗下的国有参股公司，有荣星、坎山2个搅拌站，5条生产线，年生产能力200万立方米，供应范围可覆盖整个萧山、滨江区及绍兴柯桥部分地区。

　　公司曾被评为中国混凝土行业优秀企业、浙江省混凝土行业优秀企业、杭州市优秀企业、浙江省工程建设放心满意推荐产品单位，并多次荣获萧山区百强企业和企业信用3A级企业，产品销量名列萧山区首位。

开　　　源　　　节　　　流

杭州开元管件有限公司

共　享　美　好

NEW CENTURYPIPE
NFITTINGS

地址：杭州市萧山区坎山镇河西路278号　邮编：311243　电话：0571-82511479
传真：0571-82512890　Http：//www.hzkygj.com　E-mail：shenyuan123@hotmail.com

TEL:0571 8251 1471

开元管件

40余年致力于开发和生产各种管件、阀门及便捷管道配件
率先通过ISO9001:2000质量体系认证
产品销往上海、北京、青岛及省内各地自来水公司

做正常人，说正常话

□ 冯 仑/文

其实，"平常心、正常态"，都是从吃饭、睡觉开始的。一个人要做到面对风吹雨打、天崩地裂、爹死娘嫁人时，都能够吃得下饭、睡得着觉，是非常不容易的。他必须惯看秋月春风，对一切事情都释然，才可能达到这样的程度。

佛教也好，道教也好，都是从吃饭、睡觉开始修行。吃饭、睡觉的"功夫"修到家之后，才是正经、正常，正经、正常往上是修是非善恶，也就是自己建立自己的是非标准，"我定是非，让众人以我所是为是，以我所非为非"，这种人就太牛了。

"平常心、正常态"，往往意味着真实。不正经正常的人通常是接触不到真实的东西的。因为不正常就装，上海话叫"拗造型"。只要装就会跟别人有距离，于是接触不到真实；接触不到真实，就看不清真相；看不清真相，就不能得到真理，看不到事情背后的一面。

德国有一句特别有意思的谚语，叫做"脸掉在地上，人就自由自在"。什么意思？当你的脸没掉在地上的时候，所有人对你都是吹捧的，你就看不到真相。当你的脸掉在地上的时候，所有人对你都是真实的。比如说，前一段时间有一个企业家，被警察叫去了，拍了照，那就是脸掉在地上了。这时候他就看到真相了，周围谁是真爱，谁不离不弃，谁是朋友，谁在做套，这时候都看清楚了。

所以，首先是吃饭正常、睡觉正常，然后说话正常、跟人打交道正常。都正常了，就能看清楚很多事情、很多人，就会看到很多真相。

正常说话，说正常的话，是接近真相的第一步。如果不能够正常说话，说正常的话，怎么能接触真相？

我听说一个明星很有意思。我们看他在电视、电影里从来都很会说话。但是有一个电视节目让他去做，节目开头有二三十分钟，是让他一个人站在那儿讲，他到了那儿之后突然说，"我不做了，我要跑，我害怕"。编导跟他说，"都到这了，别害怕，就说二十分钟。"他说，"我不行，我实在不行"。编导就问，"为什么？"他说，"我从来没有这么站着，当着这么多人说着话"。

仔细想想，其实演员很少有这样讲话的机会。颁奖的时候就说几句话，但让他对着几百人说上二三十分钟那种场面上的话，他不大会说。为什么他平时聊天挺好的？因为那是正常说话。但是到那儿以后要说的，是介于正常与不正常之间。当着这么多人，他得说鸡汤，他的话得励志，这种介于正常与不正常之间的话，这时候他不会说。后来节目组就说给他写一个稿让他背。他背台词比较厉害，可见还得有人给他写稿。

我也参加过一个节目，嘉宾包括几个做企业的，也有几个当红的明星。后来编导给我们讲，说明星的稿子都是节目组给写的，写了以后他们背。

这是非常有意思的。古人讲过一句话，"口舌以代心，文字以代口舌，辗转阻碍，不知相去凡几。"什么意思呢？一个人的内心所想变成文字的时候，损耗多少取决于词汇量。有些人的汉语说得特别好，学术、文化水平相对比较高，词汇特别多，把内心想法变成文字时，损耗就少。

比如说天气，有些人可以用二十个词来说，但有些人可能就两个词。词多的人损耗小；词少的人损耗非常多，交流的时候很难跟他更细致地交流，他只能说一种。如果再写成文字，假定说这个人没有文化，那你要跟他交流时他就没信息量。

正常说话是怎么样的呢？大家说的词汇都是差不多的，然后接收的程度高、损耗少，接收的信息量大，反馈的信息量也大。不正常说话时，人内心的想法往往被扭曲了，损耗掉了很多，别人也接收不了多少，别人还可能抗拒接收。别人回避的，也是损耗，没有实现交流的目的，这就叫"鸡同鸭讲"。

常说话最重要的是让你的词汇信息不衰减，对方接收不走样。

保持说话的场景，然后让传达的信息量足够多、足够正常，对方能接收的量也很多，交流才不走板，才能触摸到真相。

有一次我在美国出差，当时有一个台湾人给我们做同声传译，说了半天我就是不懂。当时我们开的是房地产的会议，讨论一些经济问题，一些西方经济学的词汇，正常翻译成我们这边的词汇，应该是"边际成本、消费函数、乘数原理、经济系数、恩格尔系数"等，结果他翻译，经常说"边上那个东西"，我看了看边上什么都没有，他不懂这些，就把这些专业词汇翻译成他字面上的理解，这么一扭曲，所有的信息都看不懂了。

所以，要做到"平常心、正常态"，最重要的是做正常的人，说正常的话。这样就能够逐步接近于事情的真相，感觉到世态炎凉，看清人类的本质，得出平常的结论。

———— 责任编辑/楼燕红

加强服务民营企业，金融供给侧改革适逢其会

□ 周德文/文

供给侧改革是推动经济转型升级的需要

供给侧改革属于供应经济学派主张的经济调控方式，和以凯恩斯主义的需求侧管理在理论基础及经济调控方式上存在较大区别，甚至一直被当作是两个对立的经济学派。

实际上，供给侧管理和需求侧管理并非对立的或矛盾的，在社会经济发展的不同阶段，供给侧管理和需求侧管理各自发挥了重要作用。

在新旧经济模式交替，新的经济发展模式兴起之时，供给侧管理往往成为主流，成为推动社会经济转型升级的助推器，但此时需求侧管理并未消失，只是相对弱化而已，很多经济领域仍然要实施需求侧管理来进行调节。

自2015年底党中央提出研究并推进供给侧结构性改革以来，供给侧改革推进实施至今已有4个年头，钢铁、煤炭等粗放型传统行业，在中央持续推进供给侧改革之下，有效去除了低效落后的过剩产能，钢铁、煤炭行业由全行业亏损转为全面盈利，取得了良好的经济效益，节约了社会生产要素，可以说是改革成效显著，为中国经济的转型升级和再次腾飞打下了良好基础。

破旧立新，供给侧改革进入第二阶段

在经济领域实施供给侧改革，推动经济模式新老交替，实现产业转型升级，实际上是一个破旧立新的过程。

中央政府通过实施"三去一降一补"，也即去产能、去杠杆、去库存，降成本，补短板等措施，去除了已经不能适应新经济发展模式，传统行业的落后和过剩产能，这一过程中，全社会生产要素实现了一定程度的集约。

但与此同时，由于民营企业中从事传统的劳动密集型、粗放型生产的也非常多，在供给侧改革出清过剩产能的过程中，相当一部分中小民营企业也不可避免地受到了影响，这一部分从落后过剩行业退出或受到影响的民营企业家，也必然要寻找新的投资项目，或者对原有企业进行战略重组，实施技术改进升级项目，以期能与时俱进，适应新经济模式发展的要求。

通过供给侧改革淘汰落后产能，产业结构调整中"破旧"任务成效显著，但由此腾出的空间则需要代表新经济模式的先进微观主体来填补，也即落实"立新"的任务。

中央政府在2015年初提出"中国制造2025"计划可以说是具有远见卓识，与供给侧改革形成了非常紧密的衔接，"中国制造2025"计划先于供给侧改革提出，确保了国家层面的产业改造升级准备走在前面，避免了在供给侧改革"破旧"进行时，"立新"不能迅速跟上补位的风险。

"中国制造2025"计划以新一轮的科技革命为驱动因素，以产业变革和国际分工重塑为特征，2025计划包括信息技术、智能机器、航空航天、轨道交通、新能源车、新材料、生物医药、医疗器械等新兴重点领域。

这些重点领域的培育和发展，国有资本在关系国家经济命脉的大规模项目上仍是主力，但民营资本已经越来越重要，特别是在以"互联网+"人工智能为代表的新经济领域，部分民营企业已经处于领跑位置，相对国有企业具有不可替代的优势。

可以预见，在代表了新兴经济模式的"中国制造2025"计划所涉及的行业领域，未来民营经济所占比重会越来越高。而为了促进"中国制造2025"计划的落地实施，尽快赶超欧美发达国家，政府需要出台系列组合政策进行引导和推动，经济转型升级离不开金融支持，实施金融供给侧改革，加强金融服务民营企业则是其中最为重要的一个环节。

金融供给侧改革是实体经济转型升级的保障

2月22日下午，习近平总书记在中共中央政治局第十三次集体学习时指出要深化金融供给侧结构性改革，明确了金融供给侧改革的思路和方向。习近平总书记关于深化金融供给侧改革的讲话内容虽然只有500字不到，但涵盖内容全面，可以说是今后推进金融供给侧改革的纲领性意见。

习近平总书记指出，深化金融供给侧结构性改革必须贯彻落实新发展理念，强化金融服务功能，找准金融服务重点，以服务实体经济、服务人民生活为本。

"中国制造2025"计划从出台到现在，已经历4个年头，和计划相对应的产业布局也已全面展开，重大科技攻关项目基本上是国有资本为主进行布局，在"互联网+"、人工智能、信息技术、智能机器、轨道交通、新能源车、新材料、生物医药、医疗器械等领域则是国有资本与民营资本全面开花，而民营资本在有关新经济领域的布局显得更为活跃或者更具比较优势。

金融是现代经济发展的血液，中国经济的转型升级，需要配套金融服务提供强有力的支持，"中国制造2025"计划的有关领域毫无疑问

也是金融机构的重点服务领域,为了更好地服务实体经济,并最终服务人民生活,推进金融供给侧结构性改革势在必行。金融供给侧改革要以金融体系结构调整优化为重点,优化融资结构和金融机构体系、市场体系、产品体系,为实体经济发展提供更有高质量、更有效率的金融服务。

金融供给侧改革的思路是优化金融服务体系结构

提起金融供给侧结构性改革,很多人都会联想到2015年底开始的,针对传统过剩行业进行的供给侧改革,部分人认为金融供给侧改革也会像钢铁、煤炭等传统行业一样,推出类似"三去一降一补"的措施,发起一轮金融领域的"去产能"改革,进而担忧金融行业也有可能出现大批的中小金融机构被淘汰出局的情形出现。

有关金融供给侧结构性改革的上述担忧明显是多余的,这是对我国产业经济及金融行业的发展现状缺乏深入了解,对未来国际分工及国际金融发展演变的趋势缺乏充分认识,才会产生这些不必要的担忧。

实际上,中国的金融产业并不存在所谓的"产能过剩"问题,从发展的角度来看,未来中国经济将超越美国成为世界第一大经济体,中国的人均GDP最终将达到发达国家水平,人民币国际化的最终目的是实现人民币成为可以在一定程度上和美元相抗衡的国际支付和储备手段,而中国的资本市场更是要实现国际化,把上海打造成为具有纽约、伦敦一样地位的国际金融中心,上交所也会成为具备纽交所和伦交所同等影响力的国际性证券交易所。

从长远发展目标来看,中国的金融产业并不存在过剩,反而是发展很不充分,还有很大的台阶要上,未来中国的金融产业规模及在全球的地位远非现在可以相提并论。

中国的金融服务体系的问题是,长期存在严重的结构失衡,从金融机构的业务比重上来看,金融信贷资源严重地倾斜于大中型国有企业,急需资金的中小民营企业无法通过正常渠道获得信贷支持,转而通过民间借贷市场融资,为日后爆发债务危机埋下了隐患,严重限制了中国民营经济的活力。

在资本市场,沪深两个交易所最初也是为了重点解决国有企业的融资问题而设立的,虽然经过持续改革,近年来得到极大改观,但国有企业和民营企业在资本市场仍然存在局部地位不平等的问题。

由于制度性因素,资本市场的进出机制仍然存在不少缺陷,优秀的中小民营企业排队等候上会,动辄就要等待长达两年甚至更久,结果因为市场变化等因素一朝被否决,坐失通过资本市场直接融资的良机,少数"互联网+"龙头企业及有关新经济独角兽公司,更是因为财务利润等硬性指标限制,以更高的成本远赴欧美资本市场融资,结果让中国的投资者失去了通过资本市场分享"互联网+"龙头企业成长红利的机会,中国资本市场也错失了承载"互联网+"巨头的机会,延缓了自身的发展步伐。

调整优化金融服务体系结构,改变中小民营企业获得金融信贷支持难的问题,促使资本市场为中小民营企业直接融资提供服务,这些都是金融供给侧结构性改革着力解决的重点课题。

强化服务民营企业是金融供给侧改革的重点方向

今年年初,中共中央办公厅、国务院办公厅印发了《关于加强金融服务民营企业的若干意见》(以下简称《意见》),提出了强化金融服务民企的18条纲领意见,包括加快民企首发与再融资审核提速,实施差别化货币信贷支持民企,服务民企作为中小银行发行股票的考量因素，研究取消保险资金股权投资行业范围限制等多项重大政策，政策力度之大，为近年来所罕见。

关于商业银行信贷融资领域，该《意见》第六、十、十一、十二条中分别提出，把民营企业、小微企业融资服务质量和规模作为中小商业银行发行股票的重要考量因素；抓紧建立"敢贷、愿贷、能贷"长效机制，商业银行要推动基层分支机构下沉工作重心，提升服务民营企业的内生动力，尽快完善内部绩效考核机制，制定民营企业服务年度目标，对服务民营企业的分支机构和相关人员，重点对其服务企业数量、信贷质量进行综合考核；有效提高民营企业融资可获得性，在新发放公司类贷款中，民营企业贷款比重应进一步提高。减轻对抵押担保的过度依赖；商业银行要坚持审核第一还款来源，把主业突出、财务稳健、大股东及实际控制人信用良好作为授信主要依据，合理提高信用贷款比重。

上述涉及商业银行类信贷融资领域的意见，实质上对中小商业银行的功能定位做了重新界定，对民营企业和小微企业进行信贷支持服务，将成为中小商业银行的重点服务领域，并建立了商业商业银行服务民营企业的综合考核硬性指标，从制度上保障了民营企业进行信贷融资的可获得性。

关于资本市场直接融资领域，《意见》第五、六、九条中分别指出，加大直接融资支持力度，加快民营企业首发上市和再融资审核进度，支持非上市、非挂牌民营企业发行私募可转债，抓紧推进在上海证券交易所设立科创板并试点注册制，促进新三板成为创新型民营中小微企业融资的重要平台，鼓励金融机构加大民营企业债券投资力度；研究取消保险资金开展财务性股权投资行业范围限制，规范实施战略性股权投资；积极推动地方各类股权融资规范发展，积极培育投资于民营科创企业的天使投资、风险投资等早期投资力量，规范发展区域性股权市场，构建多元融资、多层细分的股权融资市场。

上述直接融资领域的意见，可以说是解决了长期以来困扰民营企业进入资本市场进行直接融资难度大、阻力大的困扰，特别是在涉及"中国制造2015"计划领域的战略新兴产业的民营企业，科创板和注册制的上市通道已经打开，民营企业直接上市融资难的问题将得到极大改观。

《关于加强金融服务民营企业的若干意见》的出台标志着深化金融供给侧结构性改革开始进入实质性阶段，强化金融服务民营企业已经成为金融供给侧改革需要达成的首要任务。

中国的金融服务体系结构即将得到质的改善和优化，中小商业银行将实现角色转变，重点为民营企业提供信贷支持服务，并为民营企业的长效发展保驾护航。科创板及注册制的设立，是直接融资制度的巨大进步，民营企业将实质性获得进入资本市场进行直接融资的平等地位，技术领先、产品创新、管理先进的优秀民营企业将借助更为公平的资本市场，步入迅速发展的快车道。

（作者系经济学家、民进中央经济委员会副主任、中国中小企业协会副会长、上海中和正道集团主席）

责任编辑/楼燕红

隐形在德国的冠军们

商业领域，不只国际巨头能做到"赢家通吃"，一些"隐藏"在欧、美、日小城市里的"小而美"企业，也能在某个细分领域"通吃"，这些企业就是所谓的"隐形冠军"。

1986年，德国著名管理学家赫尔曼·西蒙第一次提出"隐形冠军"的概念。所谓的隐形冠军，大致有三条含义：

a. 它是同行业世界前三或者所在大洲第一名的企业，是市场上的领先者；

b. 它的年收入少于50亿欧元，从全球的维度看，它是一个中型企业。因为世界500强企业最低的年收入是250亿美元，50亿欧元不足它的1/5；

c. 这些隐形冠军并不被大众所熟知。

即是指那些在产品质量、种类和技术等方面具有独特竞争力和一定市场垄断性的中小型企业。

过去20多年，赫尔曼·西蒙收集了全世界2734家隐形冠军公司的数据，其中德国拥有1307家隐形冠军，是数量最多的国家，美国是366家，日本是220家。中国是多少？68家。

一、"隐形冠军"到底有多牛？

比如一家中小企业可能只生产齿轮或者螺丝钉，却将其销售给全球各个行业的应用商，不论是铁道钢轨还是化工机床，可能都在使用这家公司的螺丝钉。

德国伍尔特公司
螺丝

德国伍尔特公司，只生产螺丝、螺母等连接件产品，却在全球80多个国家和地区有294家销售网点。其产品的应用更是上至太空卫星，下至儿童玩具，几乎涵盖了所有行业领域，年销售额达到70多亿欧元。

德国海因公司
肥皂水

一家只有700万美元年收入的公司，生产专供小孩用来吹肥皂泡的"普斯特菲克斯"牌肥皂水，但产品出口全球50多个国家。高度专业化，向深度进军而非广度扩展是"隐形冠军"公司的一大典型特点。它们不像大型企业那样占据整个行业，并极力在产业链上游、下游进行纵向延伸。成功的小型企业只是生产单一的专业产品，并努力将这个产品销售到全球，还应用到无数的行业中。

德国布里塔公司
滤水器

生产滤水器的布里塔公司，占据全球同类产品市场份额的85%，由于它们生产的产品大都并非终端消费品，所以这些企业并不为一般大众所知，这就达到了所谓的"隐形"，但它们却往往成为应用企业的不二选择，成为真正的"冠军"。

这类企业仅生产一类产品，却可以在所有应用领域做到"赢家通吃"，在全球占据极高的市场份额。

西蒙教授表示："这些小公司是德国经济的核心。它们为所有公司（无论大小）提供了关于如何增长、如何创造就业以及如何创新等方面的宝贵经验。"

二、如何成为隐形冠军

西蒙教授在一次讲座上，分享了隐形冠军的业务层面，并介绍了他们为什么如此成功，我们可以从他们身上学到什么。

1. 宏大的目标

首先，西蒙观察到的是，这些隐形冠军都有极端宏大的目标、极端的野心，他们关注的是增长以及在市场取得领导的地位。

这里举几个例子，Chemetall的目标是要成为世界上一流的技术和推广领导者。它如今是世界上特殊金属，尤其是锂和铯的领导者。3B Scientific是解剖学教具方面的全球领先者，他们的口号是"成为世界第一并保持世界第一"。Rosen-Group这家公司的目标是成为世界上最有竞争力的管道检测服务商。

2. 保持专注

隐形冠军都非常专注、聚焦，因为只有聚焦才会做出一流企业。

例如全球医药包装系统的领导者Uhlmann，他们的策略是："以前我们只有一个客户，将来我们也只有一个客户：医药行业，我们只做一件事情，但我们会把它做好。"

Flexi是可伸缩拴狗带的市场领导者，他们说："我们只专注一件事情，但我们比其他人做得更好。"如今它的产品已经卖到世界上100多个国家，他的全球市场份额达到了70%。

3. 全球化策略

如果说你只是在德国卖这个可伸缩拴狗带，其市场会很小，你怎么扩大你的市场？答案是通过全球化扩大你的市场份额，把对产品的专注和全球销售以及全球营销结合起来。他们做的事情可能非常窄，但是他们做这件事的区域可以非常广。

Karcher这家公司是全球高压净水器市场的领导者，他们以前在海外只有一个子公司，现在他们

在全球的子公司超过100个。

中国的企业现状又是如何呢？西蒙的观察是：

(1)在国际舞台上我们很难见到中国中型企业的身影，他们很难接触客户，一般他们是通过其他方式进行销售的。

(2)中国企业目前也还没有建立起全球化的网络，而建立全球网络非一朝一夕。

(3)很多中国企业家没有国外留学经历，不会讲外语，文化竞争力也不够。我们需要企业中有人在国外留学，能讲外语，这样才有更好的全球文化竞争力。

4. 勇于创新

隐形冠军在研发上面的支出一般比普通企业多1倍，他会把自己接近7%的收入放在研发上。另外他们所得到的专利数目要比大企业的专利数量多5倍。大企业人均只有6个，而这些隐形冠军能够达到人均30个。

5. 亲近客户

隐形冠军的另一个优势是他们很靠近客户。

调查显示，88%的德国隐形冠军企业都说他们很靠近客户，他们30%以上的员工都跟客户有非常频繁的接触，大企业通常这个比例只有8%。

6. 竞争优势

隐形冠军型企业他们的竞争优势是什么？通常隐形冠军的优势表现在多个方面，比如他们的产品质量很好，同时他们还能够给客户提出很好的建议，并给予很好的服务。

中国企业传统来说是以低成本和低价格取胜的。最终走的是价格制胜的道路，但中国企业在这方面的优势在消失，因为中国的成本在上升，同时又面临着来自那些更低成本国家的竞争，比如孟加拉国、越南。所以对中国企业来说，新的挑战就是一方面要提高自己产品服务的价格，另一方面也要打造品牌。

比如说苹果iPhone手机的价格几乎是三星手机的两倍。为什么它的价格会这么高？跟它的技术好有关，也跟它的品牌强有关。当然，要克服技术和品牌方面的障碍，可能需要花几十年的时间。

7. 高效员工和有力领导

西蒙讲的最后一个观点关注的是隐形冠军企业的员工状况和领导阶层状况。换句话说，你会发现隐形冠军企业的劳动力生产效率非常高，他们的工作量比人员数量更高。员工素质很高，且具有敬业精神。但与此同时员工的跳槽率又比较低。隐形冠军企业的员工流失率是非常非常低的。每年隐形冠军企业有多少员工会离职呢？只有2.7%。

另外，西蒙通过了解隐形冠军企业的领导层，认为他们的领导层在原则问题上毫不含糊，都是雄心勃勃的。但他们也同时注重细节上的灵活度。隐形冠军企业的领导层通常比较年轻，平均年龄30岁，其中有不少领导人是女性。领导层的稳定性也比较高，在隐形冠军企业中，一个领导可能在这家企业一干就是10年或20年，在大企业这个数字要短很多。隐形冠军企业领导层的稳定性、延续性非常好。

三、想成为隐形冠军，就PK最强对手

西蒙在2017年还讲到非常重要的一点，就是要想成为隐形冠军，就要去占领要求非常高的市场，而不是要求低的市场，去非洲不会让我们成为隐形冠军。西蒙顾和管理咨询公司在国外开的一个公司就在美国，"因为我们要成为一个全球公司，就要进入一个最有竞争力的市场，众所周知，美国有他强大的对手麦肯锡、波士顿这样世界性的咨询公司"。

所以要有决心找一个最为困难的、最难立足的一个市场来试水。如果你选择在制造领域深耕，那就去德国，而且要去密集度最高的一个区域，而不是去一个偏远的区域，因为偏远区域可能没有任何客户，也没有任何对比的对手。所以，一定要找到一个强劲的公司所作的区域。一个全球前四大的公司都在的15公里的区域之内，肯定会让你觉得自己很虚弱，你可能跟它没法比，错了，它会让你更加地强劲。一定要找到最强劲的公司，以及找到最强劲的对手，才能激发你最强劲的能力。

四、隐形冠军的员工和大企业员工有什么区别？

关于隐形冠军的概念，缘起于1986年一位哈佛商学院的教授和西蒙的交流：领土面积不大的德国（联邦德国）何以成为出口大国？这个问题让他一

时难以回答，也促使他进入了一个长期被管理学界忽视的对象——那些默默无闻但富有竞争力的中小型企业。

西蒙发现，德国的大公司在美国、日本等国都能找到旗鼓相当的对手，那些不为公众所知，但在各自领域世界领先的公司为出口做出了巨大的贡献。按他的话说就是，"原来德国出口的真正引擎并不是西门子或奔驰这样的巨头，而是一些名不见经传、却在某一个窄小的行业里做到顶峰的1000多家中小企业。它们有无可动摇的行业地位，有稳定的员工队伍、高度的创新精神，还有丰厚的利润回报"。

通过对"隐形冠军"的研究，西蒙为中小制造企业的发展厘清了战略。对于中国这样的制造大国，西蒙认为："21世纪的中国会出现大量的'隐形冠军'，它们将增强中国出口能力以及在国际市场的地位。同时，中国在文化上将更加开放，并组建国际团队实现人才交流……中国要想在世界市场上成为全球领袖还必须克服很多困难，成功与否，将取决于未来岁月中有多少中国的'隐形冠军'脱颖而出。因为中国这样的国家不能仅依靠大公司，还需要很多中小型企业的支持。"

问：隐形冠军企业有什么特点？

赫尔曼·西蒙： 成为这样的企业必须有做世界级领袖的雄心，要专注于一个相对狭窄的行业，企业要坚持价值竞争优势，不在价格上让步。它们还需要具有竞争优势的员工和质量，要贴近客户和做到充分的全球化。

问："隐形冠军"企业和西门子这样的大公司有什么具体不同？

赫尔曼·西蒙： 除了规模差别之外，大公司往往倾向于多元化，而"隐形冠军"企业则不然。"隐形冠军"企业有25%～40%的员工有机会接触客户。大公司CEO的任期往往不长，而"隐形冠军"企业的CEO很多在位时间超过了20年，这保证了强有力的领导，并避免了一些短期行为。另外，2/3的"隐形冠军"企业能将需求与技术很好地结合起来，而大公司能做到这一点的仅占11%。大公司习惯于将业务外包，而"隐形冠军"企业则倾向于什么都自己完成。值得注意的是，很多大公司旗下的分公司开始实施隐形公司策略。

问：由于科技的进步，一个行业被整体淘汰，这是不是"隐形冠军"所面临的最大风险？专注和培育新业务矛盾吗？

赫尔曼·西蒙： 革命性创新淘汰一个行业的确是这类公司所面临的最大威胁，但是这样的事情不是太多。有的冠军公司能够平稳地度过革命性的变化，TRUMF公司就是这样的例子，它们生产钢板切割机械，激光技术发明后，它们仍是这个领域的领先者，它们现在用激光切割钢板。另外在遭遇革命性创新时，有的冠军公司可以利用以前的优势技术进入新的市场领域，比如有的公司在胶片被颠覆后，在制作海报上继续维持它独特的优势。当然，每个产品都有它的生命周期，但是我们的需求还在，尽管新的产品会替代旧的产品，一个行业被淘汰的例子还是比较少的。20年后之后，我们可能看不到纸媒体了，你的记者工作不会有太大的变化，而造纸公司就要想一想新的出路了。

问：中国制造企业国际化的瓶颈在哪里？

赫尔曼·西蒙： 中国未来将出现大量的冠军公司，对此我充满信心，但是路并不好走。中国公司很难获得定价权，这让它们无法获得丰厚的利润来让企业升级。要想获得定价权，中国公司就要在研发能力上下功夫，不要靠侵犯知识产权来获得竞争优势，这种做法无法长久，当然也要注意保护自身的知识产权不被侵犯。德国企业对知识产权无比重视，遇到侵权，往往追究到底，因为它们明白这是企业的核心竞争力所在。另外中国企业太过于依赖客户，尤其是依赖第三方。德国的"隐形冠军"公司把自己的产品和专有技术方面独到的造诣与全球化的营销结合在一起，他们通过自己的子公司来服务全球的目标市场，不把客户关系交给第三方。我觉得现在大多数中国公司通过对方国家的进口商或中间商实现国际贸易的做法在长期来看是有风险的。

责任编辑/楼燕红

许小年：德国企业家为什么不焦虑

□ 许小年/文

现在很多企业家都面临一个问题："我的原始积累已经完成了，已经是功成名就，吃喝不愁了，我再继续经营企业到底是为啥？"大家普遍觉得很迷茫，很焦虑。

但你去看看德国的企业家，在这些问题上，他们从来就没迷茫过，不管企业有多大，大到营业额几百亿欧元的博世，小到只有50多个人的工厂作坊，经营者都会劲头十足地跟你谈，企业的未来怎么去发展。

而且不仅是企业家，即使只是在生产线上抡一把木榔头的工人，也会敲得聚精会神，一点儿都不迷茫。

去德国，一定要去了解一下，德国的百年老店为什么这么多，德国为什么有工匠精神，中国为什么稀缺？

追来追去，是可以找到宗教的源头，当然宗教不是唯一的原因，但宗教是一个非常重要的因素。

德国人的这种敬业精神是不分级别的，而且也不分大小，老板也罢，总经理也罢，工人也罢，各层的人都是兢兢业业地在做自己的事情。

我到宝马的厂里去，宝马七系的方向盘是定制的，皮革外套是手工缝的。我看到，一个手工缝纫师傅就坐在那儿，一个方向盘、一个方向盘地缝。

我问：

你在这儿干了多少年了？

他说：

在这儿干了30多年了。

我问：

30多年你就干这一件事儿啊？

他说：

是的。

他就缝方向盘的皮外套缝了30多年，中国人能想象吗？

德国人的这种情怀从哪里来的？和宗教有非常大的关系。

在16世纪的时候，欧洲爆发了一场影响人类现代化社会进程的宗教改革，这个宗教改革是马丁·路德掀起来的，席卷欧洲。

宗教改革改变了过去罗马天主教的教义，产生了一套新的对基督教的诠释和一种新的在基督教指导下的生活方式，人们称为新教，从16世纪初到今天已经500年了。

基督教的终极关怀是人能不能获救，获救要承蒙上帝的恩典，来世可以进入天国。

根据新教的教义，一个人生下来时上帝已经决定了他是否获救，上帝的这个决定是不可更改的。这使新教徒心里感到冰冷甚至绝望，如果生下来我的命运已经被上帝决定了，而且不可更改，此生的意义何在？

路德之后有一个宗教领袖叫加尔文，他说，此生不是没有意义，此生的意义重大。

尽管是否获救，你无力改变上帝的旨意，但是你可以通过在这个世界中的所作所为感受到你是否获救。上帝的决定你不可能更改，但是你能感受到，上帝做了什么决定，上帝决定救赎你，还是已经放弃了你。

你怎么样感受得到呢？通过你自己的职业。加尔文把一个人手中的职业叫作"天职"，天指定的职业，不是单纯的谋生手段。在德国企业家的眼里，经营企业是上帝指派给他的任务，要尽心尽力地把企业做好，企业越是成功，越是荣耀上帝，越是增强了个人获救的感觉。

工人也是一样，既然做了这份工，就要把这份工做好，做到尽善尽美，得到老板的认可、同行的认可、客户的认可。不管做什么，你的职业都是上帝指定的一份事业，都是为了荣耀上帝，而不是单纯的谋生手段。德国的工匠精神可以在宗教找到源头。

这是人的精神上非常微妙的部分，而正是这个微妙的部分塑造了德国的民族精神。

瑞士也是新教国家，在新教地区你都会发现，企业家非常敬业，他们并不把企业作为赚钱谋生的手段，而是在做事过程中荣耀上帝，获得救赎的感觉，得到上帝恩典和垂青的感觉，用宗教的情怀来经营企业。

企业赚钱多少只是一个副产品，企业能否成功，获得社会的承认是最重要的。

中国的企业家可能难以理解，难道做企业不是为了赚钱吗？德国人的生活是相对简朴的，赚钱的目的不是享受生活，钱只是一个符号、一把标尺而已。

随着时间的推移，宗教情怀逐渐淡薄，但传统仍在继续。先前做企业是要对上帝负责，现在客户就是上帝，赚多少钱不重要，要为客户创造价值。

做企业赚钱最终是为了满足人的内在精神需求，而不只是满足物质欲望，内在的精神需求更为重要。

中国企业家要真心地把客户当成上帝，假冒伪劣的事情不能再做了，坑害客户的事情不能再做了。如果企业家心里缺少敬畏，缺少精神追求，就难有好产品了。

过去赚钱容易，现在难了，想赚钱就要像德国企业家那样，专注地把一件事做好，向社会提供优良的产品，奉顾客为上帝才能赚到钱，而且在事业成功后不会感到迷茫。经营企业没有止境，侍奉上帝是一辈子的事情。

责任编辑/楼燕红

SIP TEA ON LAKESHORE 湖畔品茗

画家借院：找寻一束光

□杭商全媒体记者 邹 芸/文

记者 徐青青摄

"当当当,当——当当当,当——"一辈子都在试图扼住命运咽喉的伟大音乐家贝多芬一定想不到,200多年后,他倾尽心血创作的《命运交响曲》,会在一个与他一样试图对命运发起"反抗"的中国画家的画室中响起。而且,一响就是20多年。

20多年的时间里,画家从兰亭杯获得者杨文科变成了借院,在浙江湖州安吉的一座小院落中,与毛笔宣纸为伴,与花鸟鱼虫为邻,在激荡的音乐声里,一次又一次地与自己斗争、与传统相搏、与命运对峙,去寻找那一束可以照亮这个时代的东方之光。

误落尘网中,一去30年

如果用一个词来形容杨文科30岁之前的人生,那便是志得意满。

那时候的他,头顶璀璨光环,身上贴满标签——湖州地区唯一的中国书法家协会会员、年少成名、才华横溢、前途无限……

而这一切,仿佛是天时地利人和的幸运。

他生于20世纪50年代末,他的少年时代里有着同龄人都品尝过的贫苦,但也充满着奇遇般的师徒情缘。

那是一个动荡的年代,革命运动的浪潮一浪盖过一浪。狂风骇浪中,许多知识分子的命运轨迹发生了转折,而借院的故乡湖州安吉,与中国成千上万个小县城一样,成了这些轨迹交集汇聚的一个落脚点。

"我出生在一个教师家庭,我所生活的院子里,有着许多被下放的老教授,他们是有真才实学的一群人。我那时候年纪小,也好学,就跟着他们学习了很多。"来自五湖四海的智者们给予了少年杨文科最初的艺术启蒙,也让他第一次看到了知识与人格的尊严。

尽管后来的他坚定地认为早期的美术教育是无用甚至有反作用的,但他也并不否认,年少的自己因为有这些前辈们的教导而受益匪浅。

那是一段充斥着青春激情的岁月。虽然生活条件清苦,但年轻的杨文科不怕吃苦。他跟着师父们学武术、书法,闻鸡起舞、通宵达旦。冬季的寒风穿陋室而过,书写所用的墨汁不一会儿就会冻住,需要用热水温着才能继续写字;夏季的骄阳一大早就吐露着火舌,一套拳练下来便是大汗淋漓。这些在外人眼中苦修般的生活,于他而言,却是快哉快哉,神驰心往。

年轻气盛,那时候的杨文科最喜欢画的莫过于老虎。怒目圆睁、威风凛凛的老虎,像是这个初出茅庐年轻人的内心写照,勇猛、锐意,但也不失那细嗅蔷薇似的细腻与温柔。

这样的少年气质映射在作品上,锋芒展露,很快就为他带来了名誉与富足。年纪轻轻加入中国书法家协会,又顺顺利利地夺魁兰亭杯,一时间,他风光无二。"那时候的我,用句不太恰当的话来形容,就是什么该玩的不该玩的,都玩过了。"

那时候的他,还不是借院。

人生的坦途已在他眼前徐徐铺陈开来,似乎只要顺着走下去,便会到达曾经预设的彼岸。

然而,世界上永远有这样一种人,他们有着过人的才华与禀赋,他们也有超乎寻常的敏锐与知觉,他们有勇气视一切为无物,执拗地去寻找自己想要的人生意义。当然,每一场执拗的开端,往往来得突然,突然到连他们自己都未必意识到,自己将要做的事,会抵达怎样的彼岸。

在画家借院的故事里,这场执拗始于痛苦与焦虑。当荣誉铺面而来之后,他让自己更为勤奋地付出与探索。但是,在日复一日的练习与创作中,迷茫却不经意来袭。他惶恐,觉得握在手中的那支笔,不是他的笔。"我觉得我画的是宋朝的梅花、清代的竹子,而不是我们这个时代的梅花与竹子。"他困惑,他不能再从这些宋梅清竹中找到艺术的力量。那以创作为名画下的每一笔拟古之态都令他不安,让他备受折磨。

他想逃避,却发现在尘嚣弥散的世界里,似乎已无处可躲,无处可逃。

借院。找一个可以安顿身心的物理空间,成了他当时试图破解困境的选择。

于是,经过一番寻访,他找到了位于湖州安吉的姚家大院。借居于此,他开始找寻他心目中艺术的真谛。

从此,那个叫杨文科的青年隐去,画家借院重生。

山有小口,仿佛若有光

20年。放在历史长河中,不过是一瞬间;但对于个体生命而言,20年所占据的分量,足以改换乾坤,让一个人改头换面。

在画家借院身上,这样的改变尤为彻底。采访那一日,他端然地坐在椅子上,阳光穿透玻璃照耀进来,迎着他如炬的目光,洒落在他工作室的地板上,斑斑驳驳。他并不多言,句与句之间停顿悠长,每个字却都说得平静而铿锵。

闭关20余年,他说自己变得不会说话,可心里又是满的,有时候又忍不住想要将心中的领悟倾吐而出。而那每一个想要倾吐却张口无言的时刻,最终都成为他笔下的大千世界。

"如果我一开始便知道求索之路将会如此漫长,我也许是没有勇气启程的。"仿佛武陵人去寻那桃花源,山口的一点微光吸引他走了进去,摸索过黑暗与狭仄,复行数十步,豁然开朗,又一次次地复行数十步,最终才抵达属于他的光境之源。

而陪伴在这段寻光之旅的,是横无涯际的孤独、寂寞,以及自我折磨与抗争。外人的不理解自不必说,世界上每一个反世俗的选择都注定会在惊诧的眼光和议论声中艰难而行;即便是家中亲人,也会在某一个不经意的时刻,面带失望、犹疑甚至怜悯。

但这些都还不是最难克服的。对画家借院来说,那种隐隐感觉得到远处微光闪烁,却时远时近、飘忽不定的迷惘,才是最折磨人的。

"痛苦,精神与肉体的双重折磨,可那个时候已经欲罢不能了。"那从山石的缝隙里漏出的光点一直牵引着他,让他虽然不知目的,不被理解,却不想放弃。

就这样,他离喧嚣热闹的世界越来越远,但在寻找意义的路途中越走越深。因为将向外的目光转向了内观自在,他时常会觉得自己内心深处的情感将要喷涌而出,于是,征服手中的笔,征服笔下的纸,征服那个澎湃到难以自抑的自己,就成为他日复一日、年复一年的功课。

在他的工作室里,有一个大大的音箱。创作之时,他就会打开音箱,随着旋律的跳动而挥毫泼墨。陪伴他的乐音多是西方古典音乐,最常出现的便是贝多芬的《英雄》与《命运》。

■ 借院作品：《鳞》

■ 借院作品：《寄声知音》

湖畔品茗 SIP TEA ON LAKESHORE

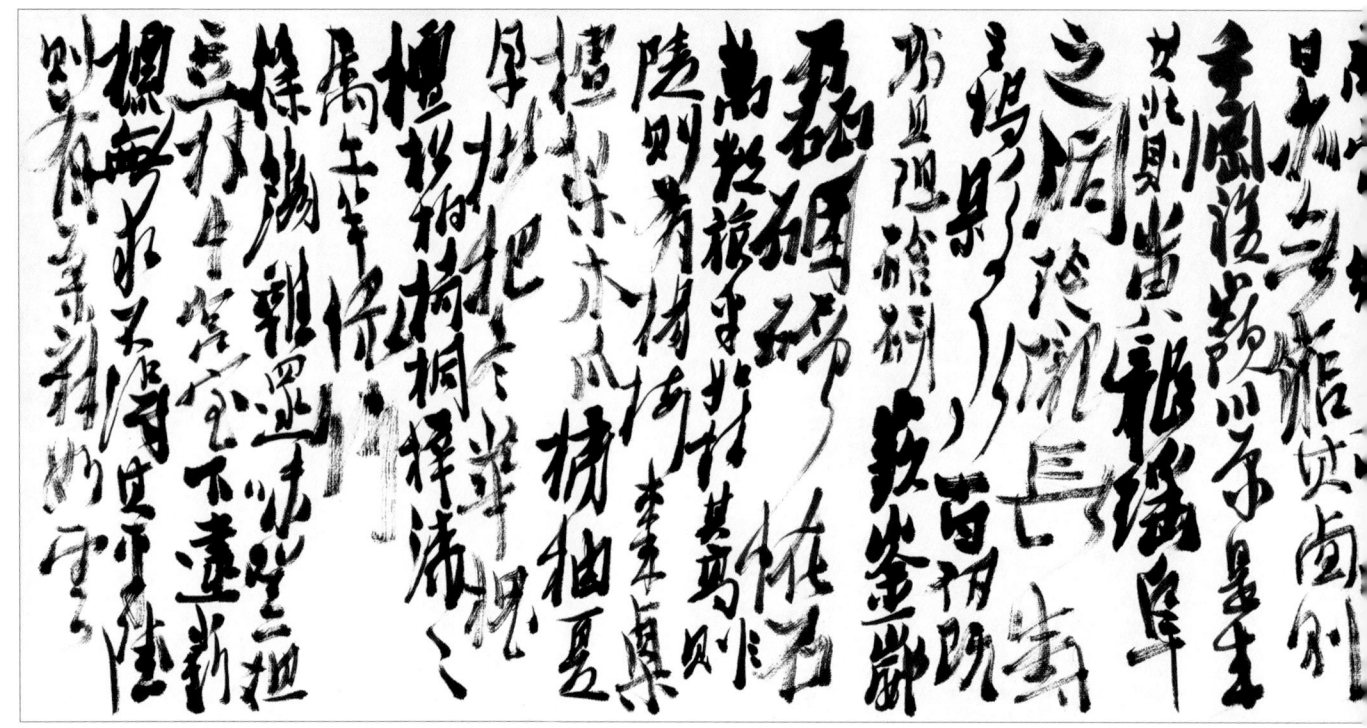

"我喜欢钢琴，也喜欢贝多芬。"他以贝多芬的音乐为纲，训练着自己的速度，好让自己的笔触能够表达内心深处最真实的感情，让来自心魄的光芒照射在宣纸上。那个不向权贵屈膝、不向命运低头的伟大音乐家，那些数百年来狂舞在音乐殿堂里的音符，成为他孤独求索之旅上的灵魂慰藉。

"我不愿将我的作品称为创作，我更喜欢称为练习。"数十年来，他已经习惯了在每一天的上午，在贝多芬的激扬琴声里，像个信徒一般虔诚地"练习"。

这种练习的力度，从他工作室里桌子上那张刚换上不久却已墨迹氤氲的毛毡垫上可见一斑。犹如珍珠蚌以血肉孕育着珍珠，画家借院也以这样的方式打磨着属于他自己，更属于这个时代的绘画之光。

尽管他将自己藏匿在借院之中，但夺目的光芒从来都无法被全然遮蔽。2013年，在经历了漫长的闭关求索之后，他的"画竹三法"震撼了海外艺术界，他的作品《弁山》《春秋》二图入展法国卢浮宫中国书画艺术邀请展，他本人受邀亲赴法国进行文化交流，作品也被枫丹白露宫、法国国家图书馆等机构收藏。

那闭关20余年磨砺而成的东方之光，终究闪耀在世界当代艺坛之上。

东方之光

尽管闭关20余载，但画家借院从来都不曾让时代的精神游离于他的画作之外。恰恰相反，他借院不借光，闭关不闭心，无时不刻都在笔底刻画着这个时代里中国水墨的磅礴气韵。

他将自己的画派命名为光境派，以空间为目标，以立象为宗旨，以幻化为其独特的创作方法，创造了震誉海外画坛的"借院三法"，并将

■借院作品：《吴兴赋》

■借院作品：《转》

湖畔品茗

■借院作品：《击何处》

■借院作品：《含香》

其融合，开创了独一无二的"光境画风"。

"'三法'是指雨点法、乱柴法与芭蕉法，这些并不是我刻意为之的。"但回头再看，借院三法中所蕴藏的却是自然万物共生共通的深刻道理。

顾名思义，雨点法取形于雨，为水创造了一个符号，将水墨意蕴化于纸上，似竹非竹，似点非点，以点聚力，淋漓痛快；乱柴法借鉴于柴，少时借院曾生活于安吉山区，上山劈柴是每日必需的劳作，柴互相穿插而架构起的独立空间，给予了他灵感，让他通过多年训练的生理运臂动作，设计出独特的交搭、错落、重叠之态，将自古流传下来的松、竹、梅的"大众相"进行了改变；而芭蕉法则是他从郢人运斤的典故中得到启发，从院内芭蕉树在风雨夜的狂作之势中得到印证，而创造出的恣意挥舞的全新绘画技法。

"如果将'雨点法'比喻作一个点的话，那么'乱柴法'就是一条线，而'芭蕉法'则是一块面。点笔聚气，代表速度与激情；线条交叉，堆积成型则是大乱大治；铺设并列，密不透风是磅礴气势。点线面结合，三法融汇，便是我试图改变中国传统绘画题材的路径。"

这同样也是他艺术创新之路的轨迹，更是中国水墨艺术奔流到当代的水渠。

在他看来，艺术之所以能够映照出时代的精神，便在于一定程度上，艺术就是历史长河所奔涌的河道。那肇始于青铜时代的中国艺术源流，在每一个历史的阶段里，都有自己的容器。"艺术是造器而不是造水，因为水无须去造，也是无法创造的，那是亘古不变的人性与灵性，奔流不息。我要创造的就是这个时代的河道。让水从我所创造的河道里流过，就足够了。"

也正因如此，他不言传承，因为无论承上抑或启下，都有损于这个时代的独特风貌。

"比如郑板桥的竹子，我画得再像，也是郑板桥的，是清朝的。如果日后有人以模仿我的风格为荣，那他的创造也是无意义的，因为那不属于他的时代，而是我所生活的时代。"

以速度激扬感情，从强化达到亮化，以情炽熔化万物，画家借院与他的光境画派让当代的中国水墨拥有了时代的标志与历史的辨识度，胆量、力量、水量、墨量，同质、同纹、同幻、同化，让光境画派好似一声嘹亮而和谐的呐喊，让中国水墨在世界艺苑有了这个时代的声音与表达。

而这一声在黑暗中压抑了20余年的呐喊，是那么直抒胸臆，那样的酣畅淋漓。

借院说"光"

《圣经·创世纪》开篇中讲到，神创造天地，地是空虚混沌，渊面黑暗。神说，要有光。

于是，就有了光。后来，才有了万事万物。

光，是一切艺术的起点与归宿。

采访中，借院先生说："我画无所好，仅能发光而已。"说出这句话，他并非自谦，而是骄傲的。

发光，无疑是他艺术世界里的至高境界。

采访那日的下午，借院先生不吝将他作品中的光与光境画派进行了系统的介绍。为力图将借院先生的艺术探索原貌呈现，记者将之进行整理，浓缩其中精华，以飨读者。

以下为借院先生自述：

光意是全球共识。中国的绘画与书法，外国人不了解，但光是所有人都了解的。中国画走向世界，就需要有光。美的着陆点每个人的理解都不一样，光是美的"的"、是美的共识。我的画作不是为光而光，而是在做"宝剑"的时候，"宝剑"发了光。

光照亮了空间，也照亮了行动。它是美术的评判标准。艺术无好坏，光就是希望。

SIP TEA ON LAKESHORE 湖畔品茗

■借院作品:《酣》

    光境之光的来源是青铜器,也就是鼎。光源从这里出发,幻化到光境之中,需要移质弃形,也需要潜移默化。潜移默化要三管齐下,眼、耳、手要共同运用。

    青铜器的质至关重要,这是永远不变的。所以我把青铜器的质化为我自身的质,再将我的质化为线条的质,让线条"变质"。这样的线条有牢固度,也有光泽。

    传统的中国绘画,是有停顿的,画叶子,要在其将干未干之时,再去画叶筋。这样情感是断裂的。当线条有了金属质感,就不需要停,情感就可以真实爆发。

    关注本质,艺术才能走得远,才能走得高。

    借院三法是关于绘画骨骼的方法,这也是绘画的"器"。

    我绘画中线条的光性是寒的,光色是冷的。光芒霜落,冷静凌冽。

    光境之光为空间而生。空间有四个目的,亮化、改变、拓展、核心。

    单纯的线条的光感是很难看出的,需要强化。情感是每个人都有的,但是要通过强化,让温度升高,发挥出来。

    强化是光境画派的一个手段,就是幻化。幻化可以放大光芒,强化质感。

    幻化中,一是速度,二是温度。速度就来自音乐,要听的是音乐的质,而不是音与声。速度快了,乱柴法的交叉就会形形色色,空间也就会千变万化。激情就是温度。

    速、光二度的幻化就会破坏物形,动中求静、静中生动;就会

■ 借院作品：《花好好》

参透物形，虚实转化，见到真相；就会牵引物形，和谐生光；就会分割画面，分割空间；就会参透画面，与天地空间相通；就会自我为形。

光境之光是自由之光，有四个不受限——不受时间限制，不受地点约束，不受环境影响，也不受程序骚扰。

光境之光还有四个特点——第一是照物无影，照己有光；第二是无阴无阳，一体同光；第三是随意任性，自在无碍；第四是无时不有，持久永恒。

与西方绘画中的光相比，光境之光有三个不同：光源、光理、光质。西方绘画的光源是自然光照转化而来，光境之光则是材质生发、线条生发、直接照映。西方的光是以自然照见精神，是先光后形；光境之光是以精神照见自然，是先形后光。西方绘画是以色代光，用颜色表示光；光境派绘画是化色为光，以光延色。西方绘画只有主光，但光境画派中有材质之光、化色之光与交叉之光，这就会形成光的叠加，这是肉眼看不到的，但是会灵动在意念当中。

光境派的借院三法，雨点法、乱柴法、芭蕉法，其实就是三种空间呈现的方法。不同的方法所呈现的空间是不一样的，这便是光形。

光境派的画作是要走进去，去体会光的存在。

光境之光就像是大河分割大地，是自然和谐的。每一道光彼此间都有律动感，可以随意走动，是随我作画时的运臂而动的，这是我从武术中幻化而来的，以武借文。

光境之光的互相作用使平面全然立体。光的交错变幻，就能精神焕发。

人的本质就是绘画的本质，绘画就是反映一个人的真实本质。

责任编辑/楼燕红

SIP TEA ON LAKESHORE 湖畔品茗

丝路锦程，丝韵东方

□杭商全媒体记者 邹 芸/文

　　点点滴滴，淅淅沥沥，又是一季缠缠绵绵的江南雨。斜风细雨中，冬去春来，无声地将世间万物润醒。

　　这样的雨季，最惬意的莫过于选上一部契合时气，养眼又养心的纪录片，伴着早春的清茗袅袅，静看大千世界的奥妙与传奇。

　　纪录片《锦程东方》无疑就是一部上佳之选。

　　这部由浙江电视台国际频道拍摄录制，国际丝绸联盟和杭州丝绸文化与品牌研究中心支持协拍的人文电视纪录片，共三集，总计90分钟。若你能在忙碌的生活中抽出短短一个半小时的时间，沉下心来，细细品味，就会了解蚕桑王国的前生今世，感受锦绣年华的风月无边，见证锦程之路的婉转曲折。

　　在《锦程东方》，那个以时空为经、丝线为纬交织而成的锦绣世界，包罗万象——

　　在因出土迄今为止长江流域人类最早的丝织物而被称为"世界丝绸之源"的湖州潞村，竹篙轻舟，古老的中华蚕桑文化依旧在纵横交错的河道里荡漾。那蚕花大会上三步一拜的虔诚身影，是水乡深处敬畏自然、天人合一的朴素信仰。

　　在湖岛萦抱的杭州淳安，山水的灵气秀韵孕育着桑树的嫩条柔枝，也滋养着蚁蚕的生命轮回。科技的力量渗透在这个古老产业的活水源头，让东方的蚕丝在吐纳的瞬间便有了更优秀的质量。

　　意大利科莫、法国里昂，来自古老中国的绫罗绸缎沿着水陆两条丝绸之路飘然而至。在数百年的时间里，将这两座欧洲大陆的美丽城市，装点成了欧洲的丝绸中心。而这两座城市也让丝绸这种华贵绚丽的纺品，永恒地编织在人类的时尚版图之上。

　　巴西、印度尼西亚、缅甸、新加坡、柬埔寨、尼日利亚……蚕桑王国的疆界就是人类文明的疆界，轻盈的丝绸就是无声的语言、温柔的纽带，牵起人类文明的融合荟萃，讲述历史长河的波澜变迁。

在《锦程东方》，那生于桑蚕、成于织绣的丝绸，让来自自然生命的光泽与柔滑，流光溢彩——

寸锦寸金的南京云锦，瑰丽多彩，灿若云霞；一针一线的高订华服，精致典雅，匠心独运。东方与西方，古老与时尚，都能在丝绸的世界里，找到最恰如其分的表达。

百年老店振兴祥，洗尽铅华，在宁静与清冷中勾勒着时光深处的曼妙窈窕；华人之光郭培，璀璨夺目，将梦幻与传统融合，裁剪着独具东方特色的雍容华贵。

《牡丹亭》的云肩水袖，以绢绸绮纱的灵动复苏着传统文化的悠远温润；杭州全球旗袍大赛，以丝绒锦缎的光彩融汇着东西时尚的风雅瑰丽。

当然，《锦程东方》里最动人的风景，是那些为养蚕缫丝而劳碌、为传承文化而坚守、为发扬复兴而奔波、为创意创新而探索的人——

史阿勤，湖州潞村的传统养蚕农妇。年迈的她，为每一年的蚕事而忙碌。起个大早讨得象征好运的蚕花，夙兴夜寐地喂食柔弱的蚁蚕。她的眼里，丝绸是天道酬勤的信仰。

索伊，柬埔寨一家作坊式丝绸工厂的普通女工。凭借双手的努力摆脱贫困，并将子女送进学校，在隆重的节日里换上仅有的缎面礼服。她的眼里，丝绸是自食其力的尊严。

赵丰，中国丝绸博物馆馆长，丝绸文化史家。带着学者的严谨，他与古老的织机和织物为伴，从卷帙浩繁的文献抽丝剥茧，续写李约瑟未竟的作品《中国科学技术史》，破解丝绸技艺的密码。他的眼里，丝绸是生生不息的文化。

伯恩哈德夫妇，定居印度尼西亚的瑞士伉俪，自发传承"宋卡"的守护者。从欧洲小镇移居印度尼西亚乡野，自掏腰包，从零开始自学，只为那一瞥的惊艳。他们的眼里，丝绸是巧夺天工的传承。

费建明，国际丝绸联盟秘书长，出生丝绸世家的丝绸人。在执掌中国丝绸产品出口量最大的企业数十载后，以提升国产丝绸品质，振兴中国丝绸文化为己任，为拓展丝绸的疆域奔走于欧亚美非之间，为将国际丝绸联盟落户于中国而努力。他的眼里，丝绸是难舍难分的情怀。

张国强，凯喜雅集团董事长，丝绸产业的复兴者。从源头提升品质，为蚕桑找寻最优的环境，打造跨越国界的丝绸版图。他的眼里，丝绸是破茧成蝶的事业。

屠红燕，万事利集团董事长，丝绸文创的先行者。从输出面料到输出知识产权，她以中国的华彩与世界最顶尖的奢侈品对话。她的眼里，丝绸是锦绣年华的骄傲。

达尼埃来·帕切拉，来自意大利的丝绸印染技术专家。在中国与意大利之间，用有关丝绸的技术架起桥梁，不断研发，不断精进。他的眼里，丝绸是精密准确的科技。

弗雷德里克，法国里昂高端丝绸面料生产商。以严苛的眼光把控原料，让丝绸的光彩绽放在时尚的舞台。他的眼里，丝绸是不容马虎的品质。

卡米洛、米艾里、黛博拉·米尔纳、戴建、梁宇佳、王鹏铖、李强文……

或许，岁月的长河会将这些名字淘洗沉淀，但只要人类的文明绵延不绝，这些名字就会织绣在丝绸的历史上，织出最华美的丝路锦程，织就最典雅的丝韵东方。

责任编辑/沈丽萍

访谈 | INTERVIEW

孙正义访谈：过去、未来和马云

□ 美国CNBC记者/大卫·费伯

"马云一直对我说，他的风格就是让他下面的年轻人尽快地成长。"

孙正义观点精选

人工智能将是人类历史上最大的革命，未来一切都应该重新定义。智能机器人将能帮助我们提供基本收入保障。因为有可再生能源，电的成本几乎为零，房子也会变得非常非常的便宜。

我们有100%的权利自己进行决策。因为我们的投资委员会100%都是软银的人。

我是一个信徒，科技的绝对信徒。有些人不喜欢投资科技。但是我喜欢这样做，我相信科技。

5G的网速和容量均是4G的100倍。这意味着我们可以非常快地访问好看的视频或图片，而不需要等待。因此，在5G网络中，物联网之间的机器对机器通信将会变得非常快速。5G对于美国的发展至关重要。

马云仍将是阿里巴巴最大的个人股东，而软银仍然是阿里巴巴最大的公司股东。马云仍然在指导阿里巴巴现任CEO张勇和管理层。马云一直在给该公司的团队提供指导。未来，马云仍将是一个重要的具有远见卓识的人。每当他们需要建议时，他都会帮助他们。

近日，美国CNBC的记者大卫·费伯（David Faber）对软银首席执行官孙正义（Masayoshi Son）进行了独家采访。在访谈中，孙正义谈到了与阿里巴巴创始人马云的亲密关系，并表示他每个月都会跟马云见面聊天。

■ 关于人工智能

费伯： 你知道，当你谈到科技快速发展的时候，你从事这行已经有一段时间了，从20世纪80年代初就开始了。你觉得与10年、15年或20年前相比，事情发展得有多快？

孙正义： 你知道，过去30年，在我们这个行业有三件事很重要。CPU计算能力、内存大小和通信速度。这三件事改善了100万倍，每一件都改善了100万倍。所以这是一个巨大的影响——对科技、生活方式和社会来说都是一个巨大的影响。

但我要说的是，从现在开始，再改善100万倍会怎样？再增加百万倍的计算能力？再增加100万倍的内存和通信速度？所以它的发展速度一点也没有减缓。我认为计算的能力将使人工智能真的变成现实，而且你知道，智能机器人、分析预测等，所有这些事情都正在发生。

费伯： 对。这也是你投资的重点，我知道你在哪里投资。我想你说过人工智能将是人类历史上最大的革命。

孙正义： 是的。

费伯： 比我们见过的任何东西都大？

孙正义： 大得多，大得多。

费伯： 为什么？

孙正义： 因为，你知道，在我们下面有许多生物。但是，人类一直是最好的、最聪明和最强大的，影响着地球上的一切，但前提是人类拥有最聪明的智力。但最后，人类自己发明了一种东西，在许多方面可能比我们自己更聪明。所以，你知道，人类发明了工具。这些工具用于耕作等。但前提是人类的大脑总是比我们控制的工具更聪明。这就是我们能够控制它们的原因。

最后，这个工具可能会变得比我们自己更聪明。这意味着，无论我们一直在使用什么工具建设工业社会，一个巨大的范式转变正在发生，一切都应该重新定义。我们使用工具的方式，我们生活的方式、生产的方式，所有这些都会转变。每个行业都将被重新定义。

费伯：所以我们还处于早期阶段。

孙正义：才开始。才刚刚开始。

费伯：但是，我们的发展速度确实比以前更快了。如果人工智能要变得比现在强大100万倍，嗯，这真的很难想象。你怎么看？或者，当你展望未来二三十年的时候，你看到了什么？我知道你有放眼未来300年的远见卓识。但请谈谈你认为未来二三十年会是怎样的情景。

孙正义：嗯，在30年内，事情肯定会变得越来越好。一切都会变得更快，而不会出任何意外。我们将活得更长、更健康。我们过去无法解决的疾病将会被治愈。

费伯：这要归功于人工智能吗？

孙正义：是的，当然了。有很多疾病，例如癌症，影响到了数百万人的生活。在未来，癌症将不再成为我们应该害怕的疾病，因为人工智能将解决我们无法解决的问题。

费伯：你相信这一点？

孙正义：我完全相信。

费伯：你相信那是在我们有生之年发生的事情吗？

孙正义：是的。一定是这样。在接下来的30年里，我敢肯定这样的事情将会发生。我们有汽车等交通工具。但是，我们发生了很多交通事故，数百万人死于交通事故。现在已经不是这样了。自动驾驶汽车，无人机——配送货物和食物。今天我们自己开车。但在未来情况就不是这样了。人工智能将能使交通事故的发生率变为零。

■ 关于未来的工作

费伯：好的。你谈到人们在未来将不会再生病，不会再死于车祸。所以可以想象人们的寿命要长得多。但他们在未来每天都该做些什么呢？如果机器比人聪明，那么在这个世界上留给人类的工作将会是什么呢？

孙正义：总会有新的工作、新的刺激出现。你知道，人类将拥有艺术、音乐、娱乐等所有创造性的工作，以及人与人之间的交流。我们将互相帮助、互相讨论。我们从别人的话语中获得启发和建议，例如，别人推荐你说，"嘿，那里的食物很好吃，让我们去品尝一下吧"。所有这些事情都将是令人兴奋的、更加人性化的工作。它们总是会出现的。

费伯：你相信这一点？

孙正义：我完全相信。

费伯：因为你当然知道关于人工智能的争论。

孙正义：我知道。

费伯：我的意思是，伊隆·马斯克（Elon Musk）非常担心人们可能会用人工智能来做坏事，而不是做好事。或者我们会达到被机器人控制的地步，机器人会成为我们的霸主。你不这么认为吗？

孙正义：我是乐观主义者，好吧。未来总会有各种各样的问题出现的。但是我们人类是足够聪明的。我们总是努力适应新的形势。你知道，就在100年前，90%的人从事的工作都是农业。而今天，在美国、日本等发达国家，这个比例只有5%。也就是说，现在只有5%的人在从事农业工作。

直到今天，我还是对此感到非常惊讶。就在去年，我还在与印度人聊天。在印度，直到今天，90%的人都是当农民。所以说，在今天的一些国家，90%的人的工作仍然是当农民。

100年前，在美国、日本和欧洲一些国家，90%的人的工作仍然是农民。90%现在变成了5%。现在，当它变成5%，人们的工作发生了什么变化呢？人们仍然有许多其他令人兴奋的工作，创造性的工作。所以我想，人类永远会有工作。

费伯：但是，在你所描述的世界中，人类的大脑仍然是相对优越的。在不久的将来，你所看到的世界将不再是这样。

孙正义：嗯，我们仍然可以创造东西。我们仍然可以享受。我们仍然可以试着卖一些东西，试着设计一些东西，试着和别人交流。这可能只是一份工作，可能是你不太喜欢的工作。但是我们必须这样做，仅仅是为了生活，也仅仅是为了赚取收入，能吃到东西，有房子住，有衣服穿。

我们必须有一些收入，哪怕只是为了生活。为了这个目的，很多人都在做工作，但不一定喜欢，他们得工作才能维持生活。而那些必须工作才能生活的人，他们中的许多人将被更有效的解决方案所取代，那就是智能机器人，具有智能的机器人。好吧，这样一来我们就能转移到更多的令人兴奋的事情上。

你知道，在罗马帝国，罗马公民是如此富有，以至于他们不需要做一些原始的工作，因为他们有仆人。他们还有很多其他的民族来供养。那么，罗马公民做什么呢？罗马公民是不是因为失去了工作而感到悲伤？他们过着悲伤的生活吗？不是的。他们很享受。因为他们有免费的酒和面包。

费伯：还有免费的浴室。

孙正义：免费面包，体育馆里的免费娱乐，免费的音乐，免费的浴室，还有免费的水。所以，这个社会变得非常富有，它提供了人们所需要的基本收入。他们做了什么？他们在讨论各种问题。他们在争论各种问题，谈论政治、教育和娱乐。

你知道，他们在谈论下一步发展，一个他们应该追求的新领域。这样他们就明白了。他们还在享受。他们还是很兴奋，他们仍然在不断追求新的成功。

费伯：所以，当人工智能崛起，它的智能超过了我们的智能，机器人到处都是的时候，你和我将会放松下来，享受一段美好的时光。

孙正义：美好的时光。我们还会讨论很多事情。

费伯：我们会吗？

孙正义：当然会。

费伯：希望你到时候还能接受采访。谁知道呢？

孙正义：是啊，绝对是。一定会的。这些都是很重要的工作。

费伯：是的。

孙正义：那就是你正在做的事。

■ 关于机器人与人类

费伯：在某种意义上，我们的意识将会与机器人融为一体吗？而人工智能将几乎成为我们大脑的一部分。

孙正义：我想是的。即使在今天，我们也不需要记住这么多的东西，因为你可以用谷歌搜索相关信息。它就像是你大脑的一部分——成了你的大脑的延伸。这样我们就不必做一些原始的事情了。

我们可以用我们的大脑进行更多的思考。你知道，思考更多创造性的东西。大脑的使用不再是记忆一年中有多少天，或者发生了什么事情，也不再是记忆这种植物的名称是什么，它们的根茎是什么形状。因为我们可以很快地用谷歌搜索它。

但是，我们的大脑仍然在许多方面发挥作用。我们的大脑仍然会非常活跃，会积极思考。大脑的延伸让虚拟和现实之间实现了无缝连接。这也是我们生命的延伸。

费伯：什么，这是你想做的事吗？

孙正义：是啊。是的，我会很高兴家里有机器人陪伴。我们创造了机器人，我们可以与它们交谈。我们可以在一起玩得很开心。

费伯：在这个世界上，你会发现人们的收入并不相同。有人认为，我们将不得不让那些被人工智能和机器人夺走工作的人获得基本收入。

孙正义：我认为基本收入的概念是非常有趣的。所以，未来将会有一个基本的收入，可以让人们生活下去。但最重要的是，要获得更精彩、丰富的生活，我们还必须进行竞争。

访谈 | INTERVIEW

竞争可以获得更多的刺激，这将是创新和发展的动力。但是，一些简单的事情，比如种植蔬菜、捕鱼、饲养牲畜，都可以由智能机器人来完成。

费伯：用机器人来完成？

孙正义：用机器人来完成。智能机器人将能帮助我们提供基本的收入保障。因为有可再生能源，电的成本几乎为零，几乎和空气或者阳光一样是免费的。

费伯：如果我们都使用可再生能源，那么我们也有希望战胜气候变化。但我们快没时间了。

孙正义：我们应该这么做。我们绝对应该这么做。我们公司正在成为第二大或最大的可再生能源供应商。因此，我看到电力成本急剧下降，呈指数级下降。它几乎会变得像水费一样便宜。当电力成本变得如此低廉时，它们将可以源源不断地支持智能机器人运行。于是，收割庄稼几乎就不用花钱。

所以，我们的基本食物就变得几乎没有了成本。而房子也会变得非常非常的便宜，让任何人都能负担得起。再说一遍，这些建筑工程是由智能机器人来完成的。所以，我们需要的最基本的东西会变得如此便宜，以至于任何人都可以拥有基本的生活物质。

费伯：生活水平要好得多。

孙正义：是的，生活水平要好得多。

费伯：对许多人来说是如此。

孙正义：对大多数人来说都是如此。

■ 关于人工智能投资

费伯：那么，根据你所描述的这个世界以及实现这个世界的想法，你的软银或愿景基金的哪些投资最能体现你的这种追求？在众多的公司中，你认为你投资的一部分或所有的公司能最好地反映你所追求的理想世界吗？

孙正义：在过去一年半时间里，我们的愿景基金投资了70家公司。它们都是以人工智能为中心的，且它们都在使用人工智能进行变革。

它们是很棒的公司。优步（Uber）即将进行首次公开募股（IPO）。

费伯：相当令人兴奋，对吗？等到夏天上市的时候可能会更令人兴奋。

孙正义：我不会说什么时候。但是看起来不远了。几个月前，生物科技创新企业Guardant Health已经进行了IPO。许多公司将在未来两三年内进行IPO。

费伯：但是，愿景基金投资的这些公司之间的共同点是人工智能。

孙正义：是的。

费伯：很专注。

孙正义：这是我现在唯一关注的一件事。所以我们只在一件事上投资了1000亿美元，这件事就是人工智能。

费伯：尽管它跨越了许多不同的行业。

孙正义：是的。

费伯：所以它可能是自动驾驶汽车。

孙正义：是的。用人工智能来建造房屋，用人工智能来支持酒店客服。用人工智能来提供医疗服务。而且，用人工智能来进行沟通。

费伯：共享办公空间WeWork呢？它是如何利用人工智能的力量的？

孙正义：很多人仍然认为它只是一间共享办公室而已。

费伯：他们买办公楼，然后把它们租出去了。这很好。

孙正义：那不是我的观点。我的观点是，这是一个工作社区。所以，当Facebook出现的时候，很多人仍然不了解Facebook的力量。人们认为这只是一堆介绍人的照片和文字。不是这样的。这是一个社区，是一个社交图谱。这里有你与亲朋好友的关系，你与更多你从未见过面的、只在网上认识的朋友之间的关系。

但现在，WeWork有将近50万个成员，因此他们就有了社区图谱。

因此，假如你创办了一家初创公司，并希望提供一种新的产品，那么你就可能需要设计产品。你需要包装。而包装也需要设计。你还可能需要一个会计。当你开始出货时，你需要律师来申请专利，所以你需要很多东西。这些都不是你自己的员工擅长的。

但在WeWork，成员之间可以互相帮助。他们可能来自纽约或波士顿，但是他们可以共享一个办公室，并相互帮助。而且，在人工智能的帮助下，你甚至可以推荐，"嘿，顺便说一句，如果你在寻找包装设计师，那么隔壁办公楼的WeWork共享办公室里有个成员会做设计"。你也许可以在周五晚上举行的啤酒派对上与那个成员见个面。所以这种建议是可行的。

亚马逊会根据你的购物历史和你的兴趣来给你推荐你可能想要购买的下一个商品，它这样做正是使用了人工智能的力量。因此，如果推荐商品可以借助人工智能的力量，那么推荐WeWork成员会面也可以借助人工智能来完成。因此，这将是更高的生产力、更多的乐趣。因此，即使是啤酒派对也会变得更有效率、更有趣。

■ 关于投资决策

费伯：所以说这实际上涉及社区的发展。

孙正义：是的。

费伯：我想，这将是他们收入增长的关键。因为他们会以某种方式参与这些交易。

孙正义：是的。在你提高工作效率和兴奋度的同时，办公费用平均下降了40%。因此，从首席财务官和首席执行官的角度来看，降低40%的成本是很棒的。与此同时，员工对工作场所的满意度也显著提高了，比如，工作场所的幸福感提高了30%，大家都感到很满意。

费伯：但是现在，它们在赔钱。

孙正义：因为它们发展得太快了，而且它们还在进行资本支出，对吧。

费伯：是的。

孙正义：但是，这是一个持续的经常性收入，就像订阅一样。你知道订阅杂志或报纸。而现在，人们开始订阅Netflix。Netflix仍在亏损，但与其他媒体公司相比，Netflix的价值是巨大的。

费伯：这基于它们继续吸引订户的能力。这就是它们在这一点上的价值所在。

孙正义：Facebook甚至在IPO后的一段时间里都在亏损。一旦它开始赚钱，那就变得非常容易赚钱。因为客户获取或创新的基本成本并不是成倍增长的。它几乎是持平的。因此，初始成本很高，而且几乎总是持平的，但经常性订阅收入会成倍增长。

费伯：远远超过他们租用这么多地方的成本？

孙正义：当然。

费伯：我的意思是，他们已经是伦敦、纽约和华盛顿特区最大的租户了。

孙正义：是的。因此，我们还在日本启动了WeWork。而在日本，仅仅经过1年的时间就开始盈利了。这太神奇了。

费伯：对。你想在WeWork上进行更多的投资吗？

孙正义：当然了！

费伯：有报道称，你的一些投资者尝试或成功说服你，"不要随心所欲投资那么多公司"，对此你是不是感到很失望？

孙正义：嗯，我还想投资更多的钱。我想增加投资。我的一些投资者说，"孙正义，你确定吗？你太兴奋，太专注于一家公司了。不要太过沉迷"。但我仍然很兴奋。而且，在我可以增加投资的时候，我就愿意增加投资。

费伯：你会这样做。

孙正义：是的。当然了。

费伯：我的意思是，我认为你已经投资了80亿美元。

孙正义：是的。

费伯：你和愿景基金的最大投资者之间的关系和对话有多重要？例如，沙特阿拉伯的阿布达比基金。他们对你选择投资什么行业以及投资什么团队有影响吗？

访谈 | INTERVIEW

孙正义：嗯，基本上是我们来做出投资决定，投资委员会的成员都是我们。因此，我们有合同权利，我们正在行使这一权利。当然了，首先他们得相信我的愿景和梦想。我们必须尊重这种信任。

所以，我们经常和他们交流，他们很支持我们。我们对我们之间的关系感到非常满意。我很荣幸。但是，实际的投资决策以及与公司的活动，都是我们自己做主的。

费伯：但是有报道称，在你投资WeWork时，他们确实有声音说，"悠着点儿"。

孙正义：他们会在某种程度上进行干预。有一个合同限额，我们对每个公司投资额超过30亿美元，我们就必须征得他们的同意。

费伯：我明白了。

孙正义：但是，除此之外，我们有100%的权利自己进行决策。因为我们的投资委员会100%都是软银的人。

■ 关于新的基金

费伯：现在你已经谈到启动另一个愿景基金了。

孙正义：嗯，现在太早了。我们还有很多钱。

费伯：是的，就投资而言，你们投资了多少了？我想你们的总资金是1000亿美元或986亿美元。已经投资了多少？

孙正义：我们大概投资了700亿美元。但是我们有一些银行希望支持我们扩大投资，因为我们资产的价值增长了。我们投资的很多公司在准备进行IPO。所以，银行愿意支持我们。

费伯：所以你甚至可以想象，你可以获得超过1000亿美元的资金。

孙正义：是的。一点儿没错。

费伯：通过资产增值来进行融资。

孙正义：是的。一点儿没错。

费伯：你认为什么时候结束？我的意思是，你感觉你什么时候才能用光现有的资金来投资？

孙正义：嗯，我们得看看。我们必须看看还有多少更令人兴奋的机会，以及这些机会是以何种速度出现的。但是，每当我们完成一项投资时，总会有很多人向我表示他们有兴趣参与我们的下一项投资。

费伯：你觉得你还能再做一次吗？

孙正义：当然。

费伯：再筹集1000亿美元的资金？

孙正义：我无法说新的基金的规模有多大。但是，我接到了很多投资者的电话，他们表示想加入我们的新基金。

费伯：那些说"嗯，实际上，你夸大了很多公司的价值"的人呢？当你拥有如此庞大的资金时，你难免会遇到这样的人。对于这些不认同你的人，你想说什么？

孙正义：嗯，至少我们的投资回报是非常可观的。我对我们的投资回报感到非常兴奋。所以，也许有些人会说，"孙正义，你投的钱太多了"，但是，在我们投资完之后，我们公司的价值仍然在快速增长。

费伯：你已经实现了一些回报。我是说，英伟达的投资回报就很不错。不过，这只是一种交易，并不是真正的投资。你拥有它的时间不长。

孙正义：是的。当它们成熟时，我们不得不卖掉一些来获得回报。但之后，我们会再投资新的机会。这就是投资的方式——任何投资公司都必须这样运作。

费伯：你在那里看到了什么？我是说，你们现在加州。你在伍德赛德附近。我知道有很多公司会主动找上你。你现在看到很多机会了吗？

孙正义：很多非常令人兴奋的机会。每天都有新的机会向我们招手。

费伯：还有管理团队。你觉得能把它做好吗？我是说，当你进行商业决策的时候，对你来说最重要的是什么？是经营企业的创始人，还是商业计划本身？

孙正义：各种因素都有吧。因此，商业模式必须是令人兴奋的模式、颠覆性的新模式。让人们会感叹，"哇，这绝对是非常重要的模式"。而且，这种产品或服务的市场必须足够大。用户的增长必须呈指数级增长。我们不会在企业的早期阶段进行投资。愿景基金只会进行超过1亿美元规模的后期投资。

费伯：所以，你们通常只在后期进行投资。

孙正义：是的，后期投资。

费伯：投资额通常很大。

孙正义：所以，大部分风险投资都在为我们做前期准备。他们先于我们在早期阶段、中期阶段进行投资。我们专注于后期阶段。我们支持他们的成长。所以，在我们这个阶段，我们已经有了足够多的实际用户数据。我是说，它们的用户在快速增长，它们的商业模式已被证明是一个成功的模式。它们有望成长为绝对的行业第一。这才是我们关注的投资对象。

■ 关于打车服务

费伯：当然，我已经问过你在美国的投资情况。但是你在中国也一直很活跃。

孙正义：是的。

费伯：你投资了滴滴出行和其他一些公司。你这周还刚刚与东南亚打车服务巨头Grab做了笔交易。

孙正义：是的。

费伯：我的意思是，这是一个巨大的投资数字。

孙正义：是啊。仅在滴滴出行上，我们就准备再追加投资16亿美元。我们已参加了该公司的两次融资活动，这是我们参与的第三轮融资。

费伯：但是这些公司消耗了大量的资金。

孙正义：是的。

费伯：它们还没赚到钱。我是说打车服务行业。

孙正义：没有。但它们发展得太快了。但它们的边际回报率是20%或更多，这实际上是非常合理的、有利可图的业务。它们的增长速度如此之快，以至于一个最初的客户获取成本和基础设施创建成本，这些都是最初的投资。

费伯：是的。

孙正义：这个边际回报率已经被证明是非常健康的。

费伯：就优步（Uber）而言，你认为自动驾驶的崛起会让这项业务变得更有利可图吗？我说的显然是很多年后的事了。但我还是很好奇你的想法。在没有司机的情况下，优步是否会成为一家更有利可图的公司？

孙正义：我绝对是这么认为的。就像我说的，不管发生什么，自动驾驶汽车都会到来。这是一种科技。科技在推动我们前进。当自动驾驶汽车出现的时候，提供打车服务的成本会变得非常具有效率。

因此，它将提供服务网络，大大降低人们的出行成本，而且没有交通事故发生或极大地减少事故。在短时间内，我还不能说零事故率。但与人类驾驶的事故率相比，它将会极大地降低。我想这一点肯定很快就会实现。所以，更低的事故率、更低的成本和更可靠的时间保障，所有这些都会发生的。

而且，还有网络效应。当有这么多的车为你提供服务时，汽车来接你的速度就会变得更快。因此，这种网络效应是必需的。这意味着你必须要有规模，你必须占有很大的市场份额。这就是为什么我们在世界上每个国家都投资市场份额排名第一的公司。

费伯：你自己想成为优步的长期股东吗？我是说，你说过有个IPO要来了。你将有机会在公开市场把你的部分股份变现。愿景基金会这样做吗？

孙正义：我想持有尽可能长的时间。当然，这完全取决于股价。有时股价上涨得过高过快，那我们就得先卖掉一点。但这完全取决于市场状况。我相信该公司会出现指数级增长吗？我绝对这么认为。

费伯：我想，你现在对管理层很满意吧？

访谈 | INTERVIEW

孙正义：我非常尊重优步CEO达拉和他的新管理团队。他们非常聪明，他们善于平衡。

费伯：你说的平衡是什么意思？

孙正义：他既能够积极地拓展业务，又能够大大地提高成本效益。所以我尊重达拉。但与此同时，我也不得不提到我尊敬的前CEO特拉维斯。他是最棒的企业家。他是一个先驱者，你知道的。当你必须开拓一个新的前沿领域时，你必须有一种能量、激情和创新思维。他是一个好斗的人，他是最优秀的创业者之一。

费伯：你会在他的新事业中支持他吗？

孙正义：我很乐意。这完全取决于价格。但我非常尊敬他。

■ 关于软银

费伯：我想谈谈软银本身，我们还没有真正谈到这一点。你花了多少时间来经营软银，而不是只想着愿景基金的投资，甚至是软银本身的投资？

孙正义：那么，什么是软银呢？直到一年半以前，我还是一家运营公司的首席执行官。主要的运营公司是电信。移动通信公司销售iPhone和Android手机，提供网络连接，以及为客户服务。所以，我是一名首席执行官——运营公司的首席执行官。我把97%的心思和时间都花在了运营上。我只有3%的时间用于继续投资。但现在，我的情况正好相反，我有97%的时间用于投资，3%的时间用于其余的业务。

费伯：所以，你在运营上几乎没怎么花时间。你在你的上一次投资者电话会议中指出，软银并不像人们想象的那样复杂。

孙正义：是的。

费伯：市场对软银及其相关资产的估值方式让你感到失望吗？

孙正义：不，我没有感到失望。人们需要一些时间来才能理解软银的真正价值。我们不仅没有销售我们的股票，而且还在回购我们自己的股票。

费伯：回购在市场上很受欢迎。

孙正义：是啊，所以我并不沮丧。这对我来说是一个机会，因为当我以我认为具有吸引力的价格回购股票时，我会笑得很开心。

费伯：对。很多人看着软银就会说："孙正义是最大的冒险者。他一直都是。2000年，当互联网泡沫破灭时，他几乎要破产了。而且，这种情况可能会再次发生，因为他的资产负债表上有了很多债务。"听到这个你想说什么？

孙正义：嗯，我要说，"谢谢你们担心我，担心我的公司。"我对保持收支平衡很有信心。人们认为，我们所投资的各家公司的债务是我们的债务。其实不是。每个公司都有独立的会计和独立的资产负债表，并有独立的能力偿还自己的债务。如果你持有该公司50%或51%的股份，那么它的债务才会在会计做账中并入你的公司。

软银集团的债务实际上大约是40亿美元。我们的资产是250亿美元。因此，250亿美元的资产减去40亿美元的债务，这是一个非常健康的财务状况。

费伯：对。但你不会因为市场看不到这一点而感到沮丧吧？

孙正义：噢，我只会开心地笑。因为我是一个买家。如果我是买家，我就想只买到便宜的东西。因此，以便宜的价格回购股票对我来说是个好消息。

费伯：你开心吗？

孙正义：我是软银的最大股东。我能以低于实际潜在价值的价格来增加我的股份。因此，我是一个快乐的买家。

费伯：你会继续这样做吗？等到你们资产的价值被市场广泛认可的时候，你还会回购股票吗？

孙正义：不。我们已经宣布了回购计划。一切进展很顺利。随着我们在愿景基金上所取得成功，我们资产的潜在价值将会快速增长。

■ 关于愿景基金

费伯：愿景基金是什么？是对冲基金吗？它是1%的管理费和20%的利润吗？费用结构是怎样的？

孙正义：是的，差不多。

费伯：尽管你占有40%（约合400亿美元）的资金，却要支付7%的优先收益。

孙正义：是的。

费伯：而且，还有你们软银自己的贡献。

孙正义：是的。软银集团拥有近49%的股权。

费伯：对。

孙正义：其余的归合伙人和管理层所有。我们对我们创造的结构非常满意。

费伯：但是你必须拿出每年400亿美元的7%，对吗？

孙正义：我们的投资回报率远高于7%。所以，我们的股本回报率是非常好的。这比简单的投资回报要好得多。

费伯：我认为，你们从2000年起就有44%的投资回报率。是这样的吗？

孙正义：是啊，差不多吧。

费伯：你认为你可以在愿景基金中保持这样的投资回报率吗？

孙正义：到目前为止还不错。我在与我自己的记录比较。因此，到目前为止，愿景基金的回报率在这一范围之内。

费伯：为什么你愿意冒这么大的风险，而且一直如此，即使你在19年前就有了人们所说的"濒死体验"？

孙正义：因为我是一个信徒，科技的绝对信徒。有些人不喜欢投资科技。但是我喜欢这样做，我相信科技。

费伯：我是说，你说过你希望软银成为对人类进化做出最大贡献的公司。

孙正义：是的。

费伯：这是一个相当远大的目标。

孙正义：是的。

费伯：你相信你真的能做到吗？

孙正义：我想让它成为现实。

费伯：怎么做？

孙正义：通过投资新生力量。这些新生力量，这些年轻的企业家，在我看来，他们是绝地武士。年轻的绝地武士走出学校，他们开始学习如何飞行。他们中的一些人已经开始跳着飞行了。我喜欢让他们勇敢去创造新的生活方式，并解决人类仍然面临的很多难题，比如无法治愈的疾病，或者意外事故。直到今天，很多人还在受着病痛的折磨。我们的年轻的绝地武士会把这些人从病痛的折磨或艰辛的劳作中解救出来。

费伯：我喜欢你描述未来的方式。我的意思是，你是非常乐观的人。你自己也承认了这一点。

孙正义：是的。

■ 关于ARM

费伯：在我们总结之前，让我们再回到软银本身，我有几个问题想问。有人批评说你在软银买东西，然后再加价转卖给愿景基金。对此，你怎么看？

孙正义：完全不是这样的。事实是，在愿景基金接受我们投资的公司之前，我们已花了八九个月时间在这些公司上。在这段时间里，我从软银取出资金进行投资，然后在时机来临的时候，就会转卖出去。我们转卖的那些资产，在我们转卖之后，价值增长幅度是很大的。

因此，可能有一两种资产，它们的价值低于公平的市场价值。但就绝大多数资产和整体资产而言，它们的投资回报率是很大的。你可以问我们的投资者，他们对投资回报率感到非常满意。

费伯：就ARM而言，你的愿景基金拥有它的股份，你的软银也拥有它的股份。但总的来说你拥有100%的股份？

孙正义：是的。软银100%收购了ARM。我们的投资合作伙伴L.P.Partners强烈要求至少拥有25%的股份。

费伯：为什么？

孙正义：他们说："孙正义，你投资的公司看起来很不错，分一些股份给我们吧。"我说不。这是我们100%自己购买的资产——这已经是愿景基金出现之前的事了——我想留着它。他们说，不，给我们来点。他们说他们想拥有50%的股份。我说，不，我不能那么做。所以，我给它分了ARM公司25%的股份。

费伯：嗯。你支付了43%的溢价。

孙正义：是的，我支付了超过40%的溢价。我很高兴我仍然能以这样的价格买到了它。现在，它又在准备IPO，可能会在未来5年内进行IPO。

费伯：你又准备带领ARM上市？

孙正义：是的。

费伯：这就是计划？

孙正义：是的。到那时，我认为价值的增长幅度将是非常可观的。所以，如果有机会让我把那些股份全部买回来，那么我将是一个快乐的买家。

费伯：你喜欢那家公司吗？

孙正义：是的。

关于5G

费伯：我们还没谈到无线运营商Sprint。我想接下来谈谈5G和Sprint。在短时间内，你认为它与T-Mobile的交易在美国会获得批准吗？

孙正义：这个由美国政府决定，而不是由我来决定。

费伯：当然不是你了。如果你能决定的话，你肯定会批准的。

孙正义：是的。

费伯：你以前也遇到过这种情况，但没有成功。

孙正义：所以，我希望它将被批准，而且应该被批准。因为这对美国消费者和美国社会具有重大的意义。这个行业现在只有两家巨型公司，几乎就是双寡头垄断。其他的公司，你知道，几乎都没赚到钱，而且不够强大，不足以威胁到这两个巨头。但是，Sprint和T-Mobile将形成第三支力量——这就可以形成势均力敌的竞争，真正的竞争。这样，价格竞争就会出现。真正的价格竞争将使消费者获得更低的成本，更强大的5G服务。

费伯：对。你觉得5G能改变很多行业吗？

孙正义：它会带来极大的改变。现在的平均上网速度太慢。

费伯：5年前，这就是你跟我所说的话。

孙正义：是啊。

费伯：不再有延迟了，对吗？

孙正义：5G的网速和容量均是4G的100倍。这意味着我们可以非常快地访问好看的视频或图片，而不需要等待。因此，在5G网络中，物联网之间的机器对机器通信将会变得非常快速。5G对于美国的发展至关重要。

费伯：那对全世界呢？

孙正义：同样重要。

费伯：如果Sprint未获准与T-Mobile合并，它还能走自己的路吗？还是会变得更加困难？

孙正义：这很难。一直都很艰难。因此，我认为合并将使Sprint处于更有利的位置，并有助于让美国公民获得更好的服务。

费伯：可以想象，如果优步或其他公司上市，你将度过一个非常繁忙的夏天。我猜办公交流应用Slack也是你投资的对象吧。你将会忙得不可开交。

孙正义：嗯，我忙得很开心。

费伯：我猜你想继续这样下去。

孙正义：是的。

费伯：在未来几年都是如此？

孙正义：是的。是因为兴奋。太刺激了。我很想继续。太好了，停不下来。

费伯：有报道称，在软银内部，软银COO马塞洛和愿景基金CEO拉吉夫之间存在性格冲突。那是真的吗？你对此怎么看？

孙正义：不可能。他们都是很好的人，他们是很好的朋友，也是很好的伙伴。当然，他们偶尔会有不同的意见。但是，有一些健康的竞争或紧张关系是有好处的，因为那样我们就会更加努力。但他们都是很好的伙伴。我们是一个幸福的大家庭。

费伯：那么，你对现在的团队感到满意吗？

孙正义：当然了。

■ 关于马云

费伯：最后，让我们来谈一谈有史以来最伟大的投资：阿里巴巴。

孙正义：哦，是的，阿里巴巴。它太棒了。

费伯：你还想从该公司身上再赚更多钱吗？

孙正义：我想把阿里巴巴的股份持有尽可能长的时间。它的收入仍以每年40%的速度增长。利润则继续暴涨。

费伯：你相信它吗？你认为阿里巴巴的增长潜力在未来几年里还会继续保持下去吗？

孙正义：我完全相信它。

费伯：马云已经不再是掌舵人了。这会有影响吗？我的意思是，马云离开阿里巴巴会有什么影响吗？

孙正义：不。马云仍将是阿里巴巴最大的个人股东，而软银仍然是阿里巴巴最大的公司股东。我们是非常好的伙伴，也是非常好的朋友。马云仍然在指导阿里巴巴现任CEO张勇和管理层。马云一直在给该公司的团队提供指导。

我认为，马云仍将是一个重要的具有远见卓识的人。每当他们需要建议时，他都会帮助他们。他会一直在那里。但是长久以来，马云一直对我说，他的风格就是让他下面的年轻人尽快地成长，这样他就不用操心日常事务了。他仍然可以思考哲学层面的东西、方向性的问题。

费伯：对，他曾是个教师。

孙正义：是的。

费伯：你们两个似乎有相似的愿景，都对世界的未来走向持乐观的看法。

孙正义：是的。

费伯：我想你们之间一定有一些有趣的谈话。

孙正义：是的。他是一个很棒的人，一个很棒的朋友，一个很棒的搭档。我几乎每个月都能与他见面，即使现在也是如此。

费伯：真的吗？你经常见到他？

孙正义：是的。

费伯：一个月一次？

孙正义：是的。大多一个月一次，或至少两个月一次。我们会东拉西扯地聊天，而不是只谈生意。我们是很要好的朋友。

费伯：你可以向我保证，你所看到的人工智能的未来将会是一个美好的未来吗？我们不会成为机器人的奴隶吧？

孙正义：不会。那是一个美好的未来。

费伯：我很感谢您抽出时间来接受我的采访。谢谢您。

孙正义：我也非常感谢您。

（来源/新浪财经）

责任编辑/楼燕红

读图 IMAGES

寻芳湘湖滨　光景一时新
——记湘湖金融小镇之春

□杭商全媒体见习记者　叶　凯/文　李　靖/摄

雨霁风光，春分天气，寻芳**湘湖**滨。
十里**湖山**，卉市萋萋，光景一时新。

读图 IMAGES

  湘湖，玉兰亭亭立，初樱作意开，芸苔遍地黄。金融小镇，置身芳菲间，盎然春意生。

  几场春雨过后，金色的春潮席卷了湘湖金融小镇。春日艳阳下的油菜花海，越发灿烂，越发耀眼，越发暖意融融，似是小镇今日与明日的化身，明媚、温馨。

  中国的"苏黎世湖区"，已在仲春的召唤下准备就绪，以新的面貌登场，从新的港湾起航，在涌动的春潮中书写新的金融传奇，不负这大好韶光。

春天的心是关不住的，它是活跃的，生机勃勃的，充满无穷力量。春天的心是孩子的心，它是明爽的，自由自在的，时而想高歌，时而欲起舞。春天，酝酿好了热情，等待着开启你的、我的、世界的新希望。

读图 IMAGES

春从何处寻？跟随蝴蝶翩跹的脚步，畅游湘湖金融小镇这座诗园。第一站是玉兰，玉的莹润与兰的馥郁兼具，单看一朵，纯粹、饱满、有光泽，无须多余的装点便叫人瞩目，仰观整株，一朵朵的，如同落在树上的繁星，叫人沉静。

第二站是樱花，粉色花瓣一簇簇压在枝头，静观如倩雪照碧空，风吹过，化作一颗颗飞旋的春心，轻盈地旋入大地的怀抱，细嗅青草的芬芳。

下一站会是什么呢？是如染如画的紫荆，是含烟带雨的梨花，是临池照水的海棠……

千花百卉的掩映下，白墙黛瓦的慢生活街区更添几分春色。来到湘湖金融小镇，不可不来石岩山脚下的慢生活街区。全长500米，总面积达2.9万平方米的慢生活街区，即将成为湘湖休闲旅游新名片。觅一处钟意的景，寻一家舒适的店，品一杯清茗，享一份美食，偷得半日之闲，感悟生活之美。在这里，放慢脚步，放下烦恼，放空自己。

读图 IMAGES

32幢独栋小楼，依山而建，临河而筑，庭院错落有致，温润的春雨落在青石板上，淅淅沥沥，江南春天的韵味油然而生。以山水的姿态化作建筑的造型，将艺术的创意注入生活的内里，山水、技术、人文交相辉映，共同渲染出春的诗情与画意。

"两岸好山青嶂列，一泓新水绿罗铺。"登上石岩山，站在览亭远眺，看到的又是另一番春景。两岸青山或险峻，或平缓，一池碧水随山势进退蜿蜒其间，挽连青山，映照青山，偶有白鹭掠过，泛起点点涟漪，静谧又萌动着生意。

　　我见青山多妩媚，料青山见我应如是。走出狭室，与春天来一场心与心的交流，让穆穆清风轻拂衣袂，在迟迟春日中绽放笑颜，不妨再与孩子一同急走追黄蝶，在菜花丛中做一场美梦。

　　历史的烟尘已远去，四季新始，湘湖金融小镇换上了新颜。在古典与时尚兼具的庭院里，时常进行着思想的碰撞、观点的交锋，迸发出智慧的火花、创新的灵感。这里的人们，是生活家，是奋斗者。

读图 IMAGES

"独有清香何自赏,群山尽染友皆酣。"湘湖金融小镇"边引边建",期待更多志同道合的伙伴入驻,让更多年轻的心灵在湘湖的晨雾昏晴中相互致意,携手成长,共同将秀美湘湖打造成金融资源集聚的黄金水道。

传承吴越薪火,勇立时代潮头,这个春天,钱塘江南岸的这颗明珠已初露光芒。汇天地之灵气,聚八方之精英,下一个更加明媚的春天指日可待。

责任编辑/楼燕红

☆专家评语☆

儒、释、道三教并存共处，相依相存。——王 石

峨眉山：从盆地升向天庭

□牛 黄/文 田 捷等/摄

峨眉山位于四川盆地西南，距峨眉山市7千米。山体南北延伸，绵延23千米，面积约115平方千米。山坡西缓东陡，东坡为逆向坡，另有断层崖，山势险峻。主峰万佛顶海拔3099米，高出东麓平原2600米。

乐享 HAPPY SHARE

金顶是峨眉山寺庙和景点最集中的地方，高26米、总面积1614平方米的金顶及铜殿各一座，以及第一山亭"铜亭"一座，为峨眉精华所在。1983年被列为汉族地区佛教全国重点寺院。

夏日的傍晚，我又一次来到了峨眉山。

因在成都时的燥热与琐事纠缠，很想找个清静的地方，散几天心。其实潜意识里，是早已把这里当作了清心涤肺的神圣之地；况且峨眉又兼具了秀绝天下的自然风光和名满佛门的梵林气场，既清心又凉身，也许这里才是我的双重目的。

把车开到报国寺的红墙外，两边高大黝黑的树木遮天蔽日，把盛夏的热浪阻挡在外，心中已然清凉。

报国寺是峨眉山的大门，由明光道人初建，原名会宗堂，取儒、释、道三教会宗之意，实在是峨眉山包容天下的典型象征。站在金钟与法鼓的中间，我惊讶于这大气的庙宇，儒、释、道三教都能把秀绝天下的峨眉山当作自己共同的精神高地，且能融为一体，让人不得不感慨峨眉山的"大"了。

以怎样的方式上山，最终将决定你会看到怎样的峨眉山。

对古人而言，登山的方式是没有选择的，任何名山大川都得自己一步一步踏上去。唐太宗即使身为一国之君，也得费上几天的脚力登到金顶去，方可吟出"还似成都望，直到峨眉前"的传世诗句。而如今，游客可以选择坐缆

车、开车，还有步行。

一到山门，便看见许多虔诚的香客，手持竹杖脚踏芒鞋三五结伴上山朝拜，在他们看来，坐缆车这种世俗的选择是不可取的。既然来到仙山胜迹，那就要老老实实一路烧香礼佛。

我们决定开车到万年寺，从半山腰正式进山。万年寺最值得一书的就是普贤菩萨骑六牙白象铜铸像，这个国宝级的珍品出现在你面前时，无法不让人心怀敬意。实际上，正是因为万年寺率先供奉普贤，峨眉山上的多数寺庙才相继供奉普贤，峨眉山也由此得成"普贤道场"之称。

看着陆续进来的香客与旅游者，我已无法弄清自己的身份：是游人，还是香客？

从万年寺一路走到清音阁，宛如进入了一方空灵的天地。两边的溪水清脆地泻下，两架飞跨的小桥连接着这个交汇处。这山是如此之大，就这其中的一段，也包罗了万般事物。鸟鸣、风吹、泉涌、叶落，它们的美如此简单，简单得让我们无法言喻。

清音阁原是取晋人左思《招隐诗》里"何必丝与竹，山水有清音"之意。就在这个空洞里，高山流水、空谷幽岚都是它的形容词。这般水声玲珑天地清朗的世界，又何必架一具形式主义的古琴轻拨慢奏呢！

其实只要在峨眉山里，无时无刻都会浸染着那融和的气氛，自然与人工都可以达到壮阔的境地，二者又如此不分，欣赏这美便有了多重的视角。

登临金顶，眼见这一大片平地，仿佛是飞来的巨石，硬生生地嵌在山顶上。3000米的海拔，高得刚刚合适。在山脚时，我们还穿着短袖，此刻已经把防寒服裹了起来；它就这样穿云越雾，揽冬入夏，一并收纳。难怪它也意欲成为"天下第一山"。这个第一，就在于它自然景观和文化遗存的极端丰富。

舍身崖下是厚重的云海，最远处，缕缕霞光变幻着颜色透出来，一轮彤红的太阳冲了出来，撕破了暧昧的云团，云海很快变成了深蓝色，而后随着太阳的升起，厚重的感觉逐渐消失，云海还原成了真正的云。

这个过程其实每天都在重复，但我还是忍不住为它叫好起来。对每一个看到金顶日出的人来说，它一定是最美的。谁说太阳底下没有新鲜事呢？就是日出这件事，每天都是新鲜的。

金顶对于峨眉山的意义，就如同圆满光明的结局对故事的意义一样。峨眉山此刻如同一个宽厚的老人，容纳下了所有的东西。一株杜鹃、一群猴子、一帮游客，他们在山中都可以自得其乐。

再次考虑关于上山路线与方式的问题，我突然发现了自己先前的错误。其实，不论以任何形式上山，看到的始终是大哉至美的峨眉山！

所谓仁者乐山，也是在这般景象下才能产生的语言吧！

责任编辑/沈意

武夷山 碧水丹山甲东南

中国最美的七大丹霞地貌 第 2 名

许多人欣赏武夷山九曲溪的**蜿蜒流转**，而秀丽的**九曲两岸**的山峰却是典型的**丹霞地貌**。36奇峰，99岩，千姿百态，气势磅礴。而温润的气候又令群峰**翠绿葱茏**。

山水皆胜的武夷山位于福建省北部的武夷山市，从古至今即拥有许多美誉。人们赞之兼有黄山之奇、桂林之秀、泰岱之雄、华岳之险、西湖之美等。武夷山风景区面积70平方公里（其中丹霞地貌面积为54.4平方公里），山峰平均海拔350米，又有一条9.5公里长的溪水曲折环绕，形成了"溪曲三三水（九曲溪）、"山环六六峰"（三十六峰）的山水皆胜的自然景观。武夷山是由红色砂砾岩组成的低山丘陵，九曲溪两岸即为典型的丹霞地貌，顶缓斜、壁陡峭、山峰峭拔。温润的气候与优良的生态环境，又令峰顶葱茏，翠绿与绛红，丹山与碧水，组成了罕见的自然山水景观。登山可以望水，临水可以赏峰。山光水色，处处佳境。

责任编辑/沈丽萍　本文图片均为资料图片

专家评语：武夷山的美景，是它无比秀逸、精美的山岩，清幽、平和的溪流和满山满谷的绿林、秀竹，但搭起武夷山骨架的是这里的玉女、天游、大王等丹霞群峰，是它们体现出了武夷山水的精华。

杭州临安湍口众安氡温泉度假酒店

地址：杭州市临安区湍口镇湍泉街188号
总机：0571-58686888
传真：0571-58686868
网址：www.zhonganjd.com
新浪微博：湍口温泉
微信号：za8021

邂逅千年氡温泉，情迷"江南巴厘岛"

湍口众安氡温泉度假酒店依托于湍口千年温泉建造而成，坐落于古城临安湍口风情小镇，境内八山环翠、四水合流，峰峦叠翠，四季鲜氧充沛，因整体以异域巴厘岛风情为主，故有"千年氡温泉，江南巴厘岛"之美誉。

酒店一期占地面积196亩，总建筑面积约6.9万平方米。是集温泉中心、水上乐园、餐饮美食、度假酒店、会议中心、天驿山庄、别墅为一体的理想旅游休闲度假场所。

酒店拥有主楼客房192间（套），温泉中心客房105间（套），单体别墅（内设泳池）30栋，共计327间（套），呈月牙状环绕在大堂的东、南、西侧，并与500人的会议报告厅和8个中小会议厅及中西餐厅相连。

作为核心建筑的温泉中心，总建筑面积18000平方米，室内设有17个混合泡池，30多个户外泡池全部依山而建。靠近山顶还有8间小木屋，设有VIP泡池。享受千年温泉的洗礼，小啜一杯香茗，氤氲诗意间，恍若置身云端。

100多亩的园林景观，植物茂盛，鲜花盛开。在欣赏秀美的自然风光的同时，更能呼吸到清新空气，享受更多的自然乐趣。

浙江精侍健康管理有限公司是杭州市萧山区养老协会会员单位，是一家专业为医养人员提供生活护理，为医养单位提供物业服务为核心产业、兼顾成人职业教育培训的服务型机构。公司主要面向各类性质的医疗及养老机构、医养结合的社会组织、福利院、疗休养院等单位配套进行护理管理和从事物业管理等后勤保障工作；为居家养老人员以及其他因失智失能等原因而具有生活护理需求的家庭成员提供专业的生活照料服务；同时结合护理需求为社会培训和输送从事护理工作的专业人员。

公司总部设立在杭州市萧山区金城路458号。注册资金为1000万元。目前公司拥有30多名具有专业知识的管理团队和近800名具有专业技能的护理员队伍。同时，公司与当地政府人力资源部门建立了良好的人才开发支持渠道，在贵州、湖北等地设立了人力资源的输入平台，与浙江东南专修学院和现代技校联合办学，长期开设护理专业培训。公司将始终秉承"服务为本，客户至上，合作共赢，共促发展"的企业宗旨，以超前的管理理念、创造性的思维方式、标准化的管理模式、精诚协作的企业精神，竭诚与合作单位携手共进，共谋发展。

◎地址：杭州市萧山区金城路458号萧山国际商务中心一幢五楼　　◎电话：0571-82351907

海尔希畜牧科技

注 重 质 量 / 产 品 为 重 / 注 意 科 研 /

公司是一家集科研、生产、销售于一体的集团化股份制公司。公司长期与浙江大学等多所高等院校合作，拥有一支全国知名的化工合成科技开发队伍，具有十分雄厚的科技开发力量和生产能力。

公司依靠独特的科技创新和地理优势，不断引进高素质人才，组建高效的营销队伍。2004年公司通过ISO9001：2000质量体系认证，为全面提升公司的科技实力、综合实力奠定了坚实的基础。公司主要生产氯化胆碱、甜菜碱盐酸盐、二氢吡啶等产品，目前氯化胆碱生产能力已达到每年2万吨，甜菜碱盐酸盐达到了每年5000吨，二氢吡啶达到了每年1000吨，产品畅销世界各地。目前公司正加大投入1000多万元，扩充厂房和生产设备，开发出国内领先的高科技产品癸氧喹酯，致力于解决国内此类产品完全依赖进口的局面。

公司始终如一地坚持着产品求品质，企业求品牌，工作求品格的"三品"模式，公司真诚希望能与世界各地的同人和朋友携手合作，同求发展，共创辉煌。

杭州海尔希畜牧科技有限公司-总部

◎ 地址：杭州市萧山区戴村工业园区　◎ 邮编：311261
◎ 电话：0571-83867633
◎ 传真：0571-82705971 82750399
◎ Http：//www.healthy-tech.com.cn
◎ E-mail：wjlou@healthy-tech.com.cn

杭州海尔希畜牧科技有限公司-国际贸易部

◎ 地址：杭州市萧山区金城路540号心意广场3幢1402南区
◎ 邮编：311200
◎ 电话：0571-82183675 82258185　◎ 传真：0571-82750399
◎ Http：//www.healthy-tech.com.cn
◎ E-mail：sales@healthy-tech.com.cn

荟　萃　天　下　园　艺

  公司成立于2003年8月，是一家集基地苗木培育、营销、工程设计、施工及养护于一体的现代化园林工程企业。公司技术力量雄厚，具备承接各种规模的园林绿化、市政设施、园林设计等工程的能力。

  公司坚持以"信誉第一，以人为本"的经营宗旨，成立至今已先后在浙江、上海、新疆、贵州、青海、山东、云南等地承接了大量的绿化工程，公司以提升市政环境为目标，在工程中不断优化和改善城区环境，美化和提升城市品位。公司在发展自身业务的同时，也有力地推动了当地产业经济的快速发展。公司凭借优质的施工技术、良好的信誉与服务态度，受到了社会各界人士及政府的高度评价。

畅　享　绿　色　生　活

杭州田厚市政园林工程有限公司

◎地址：杭州市萧山区湘湖金融小镇二期3B号楼101室
◎邮编：311200　◎电话：0571-82888668
◎传真：0571-83871111　◎E-mail：1683888888@qq.com

智慧医疗，让梦想照进现实
——《杭州湾会客厅》第六季（上）成功录制

□杭商全媒体记者　周珂/文　徐青青　李靖/摄

3月28日，《杭州湾会客厅》第六季（上）：智慧医疗，让梦想照进现实，在杭州电视台演播厅录制。

健康是人民幸福和社会发展的基础。利用人工智能、云计算、大数据等技术推动的智慧医疗，正不断优化着医疗场景，解决患者的体验问题。杭州电视台知名主持人杨蓓与杭州市卫健委党委书记、主任孙雍容，杭州市第一人民医院院长马胜林，下城区天水武林街道社区卫生服务中心主任葛承辉，资深电视评论员俞柏鸿就"智慧医疗，让梦想照进现实"这一主题展开深入讨论，分析了新时代下智慧医疗模式的创建与普及，谋篇新未来。

孙雍容表示，杭州一直作为"智慧医疗"的范本在全国推广。预约挂号，看完病后在诊间结算，这样的智慧医疗举措提高了就医效率，也正在改善"排队长""挂号难"等问题。2019年，杭州依然会在智慧医疗升级中有所行动，力争年底前让广大市民能够"刷脸就医"。而且，杭州还将在原有智慧医疗基础之上，建立医疗数据云平台，将医疗数据和城市大脑相连接，让老百姓就医更便利。

坚持让数据多跑路，让患者少跑路。马胜林以杭州市第一人民医院加速"最多跑一次"为例，展现了患者在此服务下所提升的获得感与幸福感。杭州市第一人民医院推行就诊全流程自主服务和分时段预约诊疗，大大减少了患者排队等待的时间。有技术支持，更有人间真情。马胜林说，杭州市第一人民医院还特别为老年人、残疾人等特殊人群提供了专窗服务以及共享轮椅、共享雨伞等贴心措施，打消就医者的担忧和疑虑。

葛承辉所在的下城区天水武林街道社区卫生服务中心试点开展了慢性病长处方签约患者居家健康管理服务。在慢性病签约患者参与居家健康管理服务后，居家健康管理中心将为居民免费提供移动式穿戴设备，培训指导其使用方法，相关数据将上传至健康管理平台。当检测数据异常时，管理人员会及时进行处置，保障居民健康。葛承辉认为，这样的服务更具有针对性，提高了医疗机构的效率和服务水平。

俞柏鸿感叹，推进医疗服务"最多跑一次"的基础就是智慧医疗，其打通的是医患的"最后一公里"。患者，就是智慧医疗最大的

◆《杭州湾会客厅》第六季（上）录制现场

受益者，而杭州的智慧医疗已然驶入了快车道。值得注意的是，杭州的智慧医疗仍然在不断深化，结合着互联网信息技术打造的智慧医疗，将为广大市民带来美好的健康生活。

在《杭州湾会客厅》的现场，葛承辉还现场教授了大家关于院前急救的护理管理对策。

嘉宾提问环节中，有嘉宾提出美好设想：在未来，医保卡能否成为市民的一个U盘，将所有健康信息保存其中。如此，患者将获得更加高效便捷、舒适满意的就医体验。

孙雍容表示，其实这是对大健康档案建立的呼唤。所有信息不能让它成为孤岛，目前杭州已经在行动。未来，通过刷脸就能得出信息，最大程度上将信息技术转化为爱与关怀，为市民健康护航。

也有嘉宾提出困惑，中医领域的智慧医疗又该如何推进呢？

孙雍容解答，中医是系统的哲学。在走向信息化的社会，中医如何将传统与现代进行结合，是一道命题。其实，杭州市中医院在智慧医疗上便做到了先试先行，其建设了智慧药房，并提供中药免费配送服务。

关于《杭州湾会客厅》，《杭商》杂志社社长兼总编辑马晓才告诉记者，湾区经济作为重要的经济形态，是当今国际经济版图的突出亮点，湾区已成为全球高端要素竞争的主战场。综观全球，知名湾区旧金山湾、纽约湾和东京湾等，都依托良好的海湾资源推动着周边乃至

资讯
HANGZHOU INFORMATION

◆杭州市卫健委党委书记、主任孙雍容

◆杭州市第一人民医院院长马胜林

◆下城区天水武林街道社区卫生服务中心主任葛承辉

◆资深电视评论员俞柏鸿

◆ 主办单位领导与嘉宾合影

全球经济发展。浙江省委、省政府明确提出重点建设杭州湾经济区。湾区经济御风而来，为了助力杭商群体在这股热潮中趁势腾跃、脱颖而出，抢抓机遇，更有作为，《杭商》杂志编辑部、杭州文广集团、杭州市工商联，共同推出了电视对话节目《杭州湾会客厅》。

《杭州湾会客厅》既是电视节目，又是政界、学界、媒体界、企业界四界联动、学习交流、资源整合的平台。节目每月录制一次，录制时，在国内知名网络视频直播平台同步直播；成片后，将在杭州电视台生活频道黄金时间播出；条件成熟时，将在上海东方台及宁波、绍兴、嘉兴、舟山等电视台联播。

《杭州湾会客厅》由杭州文广集团、杭州市工商联、杭商传媒主办，杭州生活频道、《杭商》编辑部承办，长龙航空、兴源环境、达利国际、湘湖金融小镇特别协办，品融集团、中广股份、明视康眼科、和康医疗、港流科技、元弘投资、炬荣集团、紫邦园林、宽塘文化、域农科技、乾球环境、氦修科技协办。

责任编辑/楼燕红

医者仁心

——《杭州湾会客厅》第六季（下）成功录制

□杭商全媒体记者 邹 芸/文 徐青青 李 靖/摄

3月28日，《杭州湾会客厅》第六季（下）：医者仁心，在杭州电视台演播厅录制。

医为仁术，必具仁心。杭州电视台知名主持人杨茬与和康医疗集团总院院长裘华森、杭州明视康眼科医院院长郑历、浙江大学医学院附属第二医院综合ICU主任黄曼、资深电视评论员俞柏鸿就"医者仁心"这一主题，展开了对话讨论，探讨了对医生这一职业的理解以及对当下社会医患矛盾的看法。

对于医生这一职业，作为守护在生死边缘的ICU医生，黄曼说尽管有时候也会因为没能挽回患者的生命而沮丧，但更多的时候，会收获医生这个职业所带来的成就感。

裘华森分享了自己作为一名外科医生，在每一次手术时都会想尽办法治愈患者的经历。他说，做医生就必须一切以病人为先，要在专业上精益求精，要了解病人的心理，更要遵守职业道德。

郑历表示，身为眼科医生，虽然不需要直面生死，但在眼睛上做手术，对精准度的要求非常高，即使一微米的误差都是不允许的。所以眼科医生必须不断地钻研技术，将精良的设备与精湛的技艺相结合，让手术效果达到最好。

俞柏鸿结合自己的就医体验，表达了对医生的崇敬。他认为这是一项挑战人类生理极限的事业，而好医生不仅医病，同时也疗心。他说一个好医生给患者的第一张处方应该是关爱，而一个好患者给医生的第一份礼物应该是信任。

而对于医患矛盾甚至社会上的暴力伤医事件，裘华森认为这是社会发展过程中出现的阶段性问题，未来恶性事件一定会有所减少，医患之间的关系会越来越融洽。

郑历向大家推荐了纪录片《人间世》，希望大家能够从中对医学的局限性以及对生与死有深刻的认识。

◆《杭州湾会客厅》第六季(下)录制现场

黄曼表示希望能够加强医学知识的科普，让更多的人对医学、对生命有更多的了解，也希望患者及家属相信医生是和患者在一起的。

俞柏鸿则说，医生有尊严，生命才有尊严。一方面，全社会不要将医患矛盾妖魔化，要给予医生更多的理解；另一方面，对于暴力伤医要采取零容忍的态度，保障医生的安全。

在现场，和康医疗集团总裁助理、杭州分公司总经理钱默儒，源牌集团董事长叶水泉作为医生家属也分享了自己对于医生的认识。钱默儒说因为父亲是一名医生，工作很忙，所以儿时的他很少享受到父亲的陪伴，但如今他已理解父亲的奉献与付出，他认为父亲就是他心目中的好医生。叶水泉则表示，他认为好医生应该做到无我之境，尽全力对患者的身心内外进行救治。

关于《杭州湾会客厅》，《杭商》传媒社长兼总编辑马晓才告诉记者，湾区经济作为重要的经济形态，是当今国际经济版图的突出亮点，湾区已成为全球高端要素竞争的主战场。综观全球，知名湾区旧金山湾、纽约湾和东京湾等，都依托良好的海湾资源推动着周边乃至全

资讯
HANGZHOU INFORMATION

◆和康医疗集团总院院长裘华森

◆杭州明视康眼科医院院长郑历

◆浙江大学医学院附属第二医院综合ICU主任黄曼

◆资深电视评论员俞柏鸿

◆主办单位领导与嘉宾合影

球经济发展。浙江省委、省政府明确提出重点建设杭州湾经济区。湾区经济御风而来，为了助力杭商群体在这股热潮中趁势腾跃、脱颖而出，抢抓机遇，更有作为，杭商传媒、杭州文广集团、杭州市工商联，共同推出了该电视对话节目。

《杭州湾会客厅》既是电视节目，又是政界、学界、媒体界、企业界四界联动、学习交流、资源整合的平台。节目每月录制一次，录制时，在国内知名网络视频直播平台同步直播；成片后，将在杭州电视台生活频道黄金时间播出；条件成熟时，将在上海东方台及宁波、绍兴、嘉兴、舟山等电视台联播。

《杭州湾会客厅》由杭州文广集团、杭州市工商联、杭商传媒主办，杭州生活频道、《杭商》编辑部承办，长龙航空、兴源环境、达利国际、湘湖金融小镇特别协办，品融集团、中广股份、明视康眼科、和康医疗、港流科技、元弘投资、炬荣集团、紫邦园林、宽塘文化、域农科技、乾球环境、氪修科技协办。

30余位杭商及社会各界有关人士参加了《杭州湾会客厅》第六季下半场节目的录制。

责任编辑/楼燕红

资讯
HANGZHOU INFORMATION

数字经济，智享未来
——《杭州湾会客厅》第八季成功录制

□杭商全媒体记者 邹 芸/文 徐青青 李 靖/摄

3月29日,《杭州湾会客厅》第八季以"数字经济,智享未来"为主题,在天元大厦录制。

主持人浙江省信息化发展研究院院长、杭州电子科技大学教授、博士生导师陈畴镛与中策橡胶集团董事长沈金荣、辽宁浙江商会会长曾昌飚、金鱼集团董事长陆鸿敏、阿里巴巴钉钉数字化运营负责人火豪、万科产城发展有限公司创新实验室负责人沈传立、浙江巍翔科技集团有限公司董事长张宗华、杭州万物互联智慧产业有限公司副总经理徐鹏华等嘉宾就如何做数字经济弄潮儿展开深入讨论,聚焦以科技创新为核心的数字经济,共商如何发力数字经济的新方向、新路径,重新发现杭州经济发展的新引擎。

杭州是源远流长的创新胜地,如何保持数字经济领域先发优势,为"深度融合"提供生动样本和宝贵经验至关重要。

对此,沈金荣结合中策集团的发展实践表示,中策通过与阿里云的合作,已实现工业制造的数字化和商业的数字化,已经将数字化技术与产品的生产销售深度融合,企业所生产的"智慧轮胎",已能做到整个生命周期的数字化,可以更大程度地提高安全性,保证客户的利益。

曾昌飚从地产业与数字化的结合出发,表示房地产企业的数字化需要思想观念的革新,不再将住宅视为钢筋与水泥结合的产物,而是富含住居文化内涵的产品,要在产业内部形成产业链闭环,从而保持增长活力。

陆鸿敏根据金鱼集团的数字化转型实践,提出了三个他认为实体企业家需要思考的课题,即数字经济的概念究竟是什么,数字技术来自何方又该如何应用,数字技术人才的培养该何去何从。他说数字化转型是企业必须要面临的巨大挑战,尽管转型其间可能有阵痛,但必须要坚持以数字化技术去应对市场的发展。

来自阿里巴巴的火豪在分享中首先请全场嘉宾使用钉钉完成了一秒钟名片交换,然后他以钉钉为例,表示数字经济最根本的是新技术、新工具的使用。在数字经济时代,他希望未来阿里云、阿里钉钉能够赋能更多的企业,帮助其实现数字化转型。

沈传立向在场嘉宾介绍了万科在数字化转型中的探索。他表示万科顺应数字经济的发展

资讯
HANGZHOU INFORMATION

■浙江省信息化发展研究院院长、杭州电子科技大学教授、博士生导师陈畴镛

■阿里巴巴钉钉数字化运营负责人火豪

■辽宁浙江商会会长曾昌飚

■中策橡胶集团董事长沈金荣

■杭州万物互联智慧产业有限公司副总经理徐鹏华

■金鱼集团董事长陆鸿敏

■浙江巍翔科技集团有限公司董事长张宗华

■万科产城发展有限公司创新实验室负责人沈传立

理念，提出了新商业、新办公、新产业的概念，以开放创新的态度，将在"文化+"方向做大量大胆的尝试与创新。

张宗华认为数字经济时代，企业家需要有创新精神、互联网思维、工匠精神以及全球经济一体化的视野，他将之称为"新四有精神"。他表示数字化是发展大势所趋，但对于数字化技术的应用，归根结底还要结合企业自身发展的特征。

徐鹏华介绍说万物互联是随着数字经济发展应运而生的企业，是一家以数据收集、分析、服务为主营业务的企业，在数据的感知层，万物互联做了大量的工作，让城市发展更健康、更环保，让人们生活品质进一步提高。

在听完各位嘉宾的分享后，主持人陈畴镛教授也谈了自己对于数字经济的几点思考。他认为数字产业化与产业数字化是数字经济发展的两条路径，实体经济数字化转型的重点是产业数字化，但这离不开数字产业化的支撑。同时，数字化转型中首先要处理的问题是思维问题，企业家要以创新、共享、互联、融合的精神去面对数字化发展潮流，但数字化转型的过程中也要保持对实业的坚守，要让数字化的技术与手段服务于企业的发展。

关于《杭州湾会客厅》，《杭商》杂志社社长兼总编辑马晓才告诉记者，湾区经济作为重要的经济形态，是当今国际经济版图的突出亮点，湾区已成为全球高端要素竞争的主战场。综观全球，知名湾区旧金山湾、纽约湾和东京湾等，都依托良好的海湾资源推动着周边乃至全球的经济发展。浙江省委、省政府明确提出重点建设杭州湾经济区。湾区经济御风而来，为了助力杭商群体在这股热潮中趁势腾跃、脱颖而出，抢抓机遇，更有作为，杭商传媒、杭州文广集团、杭州市工商联，共同推出了该电视对话节目。

《杭州湾会客厅》既是电视节目，又是政界、学界、媒体界、企业界四界联动、学习交流、资源整合的平台。节目每月录制一次，录制时，在国内知名网络视频直播平台同步直播；成片后，将在杭州电视台生活频道黄金时间播出；条件成熟时，将在上海东方台及宁波、绍兴、嘉兴、舟山等电视台联播。

《杭州湾会客厅》由杭州文广集团、杭州市工商联、杭商传媒主办，杭州生活频道、《杭商》编辑部承办，长龙航空、兴源环境、达利国际、湘湖金融小镇特别协办，品融集团、中广股份、明视康眼科、和康医疗、港流科技、元弘投资、炬荣集团、紫邦园林、宽塘文化、域农科技、乾球环境、氢修科技协办，浙江研究会、杭商研究会特别支持。

责任编辑/楼燕红

资讯
HANGZHOU INFORMATION

数融万物·智享未来

——2019杭州数字经济高峰论坛召开

□杭商全媒体记者 李 洁/文 李 靖/摄

"拥抱变化，迎接数字时代的到来。"杭州这座平均每天诞生602个市场主体和109个有效发明专利的数字城市，滋养了以阿里巴巴、网易、海康威视为代表的互联网巨头企业，他们与传统企业联动发展，将互联网基因植入实体经济中，让万物互联、人机交互、天地一体、无网不在、在线创新成为一种新常态。

29日下午，由杭州市江干区政府、杭商研究会、浙商研究会主办，杭商传媒、杭州市江干区投资促进局协办的2019杭州数字经济高峰论坛暨浙商（春季）论坛杭商年会，以"数融万物·智享未来"为主题，聚焦数字经济以科技创新为核心，共商如何发力数字经济的新方向、新路径，重新发现杭州经济发展的新引擎。

作为主办方之一，江干区副区长范朝辉表示："近年来，江干抢抓时代发展机遇，数字经济蓬勃发展，正在成为引领区域经济社会高质量发展的强大引擎；未来，江干将按照'功能定位清晰、发展导向明确、空间集约集聚'

的原则，构筑全区数字经济'一核一带三区多点'发展新格局，规划用四年时间实现数字经济总量200亿元，将江干打造成为杭州数字发展集聚区、产业数字化转型示范区和城区数字化管理标杆区。"

江干区投促局有关负责人在投资环境推介中提到，打造数字经济高质量智汇芯区，江干拥有独特的区位优势、扎实的产业基础、清晰的产业规划、最优的营商环境。其中，今年在钱塘智慧城将重点打造"第九大道"数字时尚特色产业街区项目，涉及18宗创新型用地，占地面积约380亩，预计总投资超78亿元，将重点引入数字时尚产业新零售、新服装、新媒体头部企业职能（区域）总部、率先布点5G网络，推广智慧应用，让数字经济产业融入街区，街区服务数字经济产业，全方位助力杭州数字经济蓬勃发展。

大咖云集　多角度论道数字经济发展

浙江省社科联党组书记盛世豪为论坛致辞，呼吁广大的企业家朋友，抓住这一历史新机遇，加快企业的数字化创新进程。

在浙商研究会副会长、杭商研究会副会长王曙光主持的主旨发言环节，华立集团董事局主席汪力成，浙江创建科技董事长张旭光，《快公司FastCompany》中文版CEO卢初阳，浙江省信息化发展研究院院长、杭州电子科技大学教授、博士生导师陈畴镛，阿里巴巴集团阿里云高级架构师余量博士分别围绕"浙商顺势而为，主动拥抱数字经济""数字经济新认知""全球创新趋势及数字城市机遇""数字经济发展的浙江特征""大数据'反哺'产业升级"等主题，多角度深入剖析数字经济的现状和未来，并提出创新的发展理念，为数字经济与传统产业的融合发展倡议新路径。

重磅发布　前瞻数字经济未来

会上，《快公司FastCompany》中文版CEO卢初阳与杭商国际创新中心负责人张晓敏就FC杭州国际创新大会和FC长三角赋能中心等相关事宜签署战略合作协议，双方结合国际化的交流经验和资源优势，未来将构建一个真正意义上的多元化国际平台，成为杭州经济的助推器。

随后，杭商研究会会长、杭州千岛湖啤酒有限公司董事长郑晓峰宣读"数智浙商"宣言："数智浙商的使命，不仅要推动杭州成为中国'数字经济第一城'，还要推动浙江'一号工程'，以数字经济引领浙江经济的高质量发展。"

党政领导和企业家代表为首批"数智浙商创业导师"颁发聘书。

杭州是源远流长的创新胜地，如何保持数字经济领域先发优势，为"深度融合"提供生动样本和宝贵经验至关重要。

围绕这一主题，浙江省信息化发展研究院院长、杭州电子科技大学教授、博士生导师陈畴镛主持了《杭州湾会客厅》第八季"数字经济，智享未来"。中策橡胶集团董事长沈金荣、辽宁浙江商会会长曾昌飚、金鱼集团董事长陆鸿敏、阿里巴巴钉钉数字化运营负责人火豪、万科产城发展有限公司创新实验室负责人沈传立、浙江巍翔科技集团董事长张宗华、杭州万物互联智慧产业有限公司副总经理徐鹏华等企业家代表结合企业实际，畅谈了利用产业数字化实现转型升级的感悟和体会。

此外，改革开放40年之际，正是杭商承前启后，继往开来的关键节点，会上还隆重发布了改革开放40年杭商发展经典案例。

本次数字经济高峰论坛由主题演讲、创业导师发布、创新项目路演、圆桌论坛、杭商轮值会长交接等多个环节构成，嘉宾阵容强大，观点精彩切中时弊，将为加快推进数字经济发展提供有力支撑。

责任编辑/楼燕红

资讯
HANGZHOU INFORMATION

培养新型商业领袖
浙江大学企业家学者项目发布会成功举行

□杭商全媒体记者 周珂/文 徐青青/摄

3月29日,由浙江大学管理学院、新加坡管理大学会计学院主办,浙江大学EMBA教育中心承办,杭商传媒提供媒体支持的"杭州湾国际科技创新生态论坛暨浙江大学企业家学者项目发布会"在浙大紫金港校区举行。

活动由浙大EMBA学术主任韩洪灵主持。浙江大学管理学院院长魏江,浙江大学管理学院教授、DBA项目课程首席架构师郭斌,西子联合控股有限公司董事长王水福,浙江中晶科技股份有限公司董事长徐一俊,深交所中小板公司管理部副总监、滨江区挂职副区长李放瑜出席论坛。

活动邀请了蚂蚁金服副总裁俞胜法、赛伯乐集团总裁王阳、新加坡管理大学会计学院院长程强做主旨演讲。

浙江大学管理学院院长魏江在论坛上致辞。他表示,传统的管理范式、组织结构、人力资源管理、财务和金融在当下都面临着颠覆性的挑战。为此,魏江分享了浙江大学管理学院筹办DBA项目的初衷。他强调有学识、有思想、对世界经济社会有洞察力的人,才能担当起未来产业发展的先锋角色。他希望,DBA项目传承贯彻管理学院"培养引领中国发展的健康力量"的价值观,能够在引领中国经济转型发展过程中,起到中流砥柱的作用,并为中国的崛起做"浙大人"应该做的事——改变中国,改变世界。

魏江介绍,DBA项目与EMBA、MBA的学习有很大的区别,"DBA是思考、理论、实践、方法的有机结合,通过小范围的研讨,共同探索未来真正要解决的管理问题"。

随后,新加坡管理大学会计学院院长程强教授上台致辞。他表示,新加坡管理大学作为政府改革新加坡大学教育的产物,其教育理念引导着世界教育的改革。他说,"新加坡管理大学的精神是'不用做到最大,但要做到最好',这也是我们办DBA的初衷"。

另外,程强认为,很多管理理念都是企业家在摸爬滚打中探索出来的,成功的企业家拥有很多的实践经验。他希望,通过DBA项目,这些企业家可以将过往经验整理出来,传

资讯
HANGZHOU INFORMATION

达给需要的企业，帮助其他企业共同成长。

发布会上，魏江院长、程强院长、谢小云院长、王纪伟教授、郭斌教授、杜红教授共同启动了浙江大学企业家学者项目。

根据浙江大学管理学院与新加坡管理大学（以下简称SMU）签署的合作协议，在引进SMU的DBA课程基础上结合浙江大学自身优势，推出"浙江大学企业家学者项目"。浙江大学管理学院教授、DBA项目课程首席架构师郭斌介绍了项目特色与方案设计。他表示，DBA项目以浙江大学综合性学科为支撑，引入国际商科精英教育理念、挖掘新经济时代商业发展本质，融合多学科前沿领域，致力于培养具有深度探索精神、全球化视野、面向未来大趋势的新型商业领袖，以促进企业及社会的创新进化和可持续发展，推动建立公平正义的新商业文明。

郭斌还详细介绍了项目的"3+3"课程模式：以全球化视野下"战略、创新、领导力"为基础架构，围绕着"新经济、新制造、新金融"的商业及产业进化大趋势，为新型商业领袖提供思想汇聚、深度思考与观点碰撞的课程体系与平台。

为了帮助企业家更好地融合实践与理论，项目特聘西子联合控股有限公司董事长王水福、蚂蚁金服副总裁俞胜法、赛伯乐集团总裁王阳为DBA实践教授。

随后，俞胜法做了题为"金融科技的全球化之路"的主旨演讲。他认为，金融科技应用有三个层次：技术性研究，应用型研究，实践型的、生活型的技术应用。利用金融科技后，交易的成本和交易的效率会越来越好，其改变的是触达方式和商业模式。

全球化对中国企业来说是一个非常大的挑战。俞胜法强调，每个企业都必须保持初心与理念的一致性。同时，企业必须要了解所去地方的监管环境与文化。只有如此，金融科技的全球化之路才能走得顺畅。

王阳做了题为"全球格局下的科技创新企业发展"的主旨演讲。他描述，新经济是经济全球化背景下，信息技术革命以及由信息技术革命带动的、以高新科技产业为龙头的经济。新经济具有全球化、信息化两大特征。

Google、Facebook、苹果、小米的快速成长都与科技创新息息相关。王阳强调，未来，开放式创新是中国企业科创全球化的主要发展路径。在这个过程中，企业需要建立一个创新网络。王阳认为，这个网络最重要的是除了要吸引中国的人才，还要引进全球创新人才。企业通过资源整合、全球输送或是全球并购的模式进行资源的嫁接，最终通过全球化过程变成全球的创新平台。

程强做了题为"家族企业——管理与传承"的主旨演讲。他分享了家族企业的概况、家族企业存在的问题以及家族企业研究带来的启示。

程强表示，家族企业在社会发展中，尤其在发展中国家起着弥足珍贵的作用。家族企业有其优越性，也有其独特的代理问题。针对代理问题，程强建议，创始人通常是优秀的企业家，但接班人未必有企业家的才能时，可以考虑职业经理人。尽力完善公司治理，提高信息披露也可以帮助家族企业更好地创造价值。

站在不同角度来看，杭州的创新生态中最突出的优势是什么？还有什么是值得杭州进一步挖掘和发展的？浙江大学管理学院教授郭斌主持了最后的圆桌讨论环节，他与赛伯乐集团总裁王阳，浙江中晶科技股份有限公司董事长徐一俊，深交所中小板公司管理部副总监、滨江区挂职副区长李放瑜一起，就"如何打造国际科技创新生态"进行了深入的探讨。

责任编辑/楼燕红

杭州盛泰开元名都大酒店
GRAND NEW CENTURY HOTEL
Xiasha Hangzhou

杭州盛泰开元名都大酒店由浙江盛泰房地产开发有限公司投资兴建，委托中国最大民营高星级连锁酒店集团、最具规模中国饭店集团第二名开元酒店集团管理，是一家集客房、餐饮、康乐于一体的按照五星标准建造的豪华商务酒店。酒店拥有各类豪华舒适客房306间(套)，近千平方米豪华无柱式宴会厅、风味餐厅等，总计餐位达1200多座，各类康体娱乐设施一应俱全。酒店坐落于杭州经济开发区（下沙）五号大街核心商圈地带，毗邻杭州地铁一号线文泽路站，步行500米。距离萧山国际机场约11.5公里，距离杭州火车东站约13.5千米，交通十分便利。

电话：**0571-8827 9999**

地址：中国浙江省杭州经济技术开发区5号大街297号
邮编：310018　　传真：0571-8688 6068
网址：www.kaiyuanhotels.com

资讯
HANGZHOU INFORMATION

杭商传媒联合浙大EMBA教育中心举办首席战略官（CSO）沙龙

□杭商全媒体记者 邹 芸 实习记者 叶 凯/文 徐青青/摄

3月22日，浙江大学EMBA教育中心首席战略官（CSO）沙龙在光大银行杭州浙大支行举行。活动由杭商传媒、杭州浙江大学校友会联合主办。

本次沙龙上，浙江大学管理学院博士生导师、浙江大学管理学院教授委员会副主任委员、浙大管院睿华创新管理研究所副所长郭斌教授作了题为"透视战略本质"的主题分享，来自阿里巴巴、大华

■沙龙现场

股份、金成控股、怡丹生物等知名企业的相关负责人参与了本次活动。活动由浙大EMBA中心战略合作负责人吴奕闵主持。

浙大EMBA教育中心行政主任杜红博士、光大银行杭州分行副行长邬雪松在活动上致辞。杜红博士在致辞中重点介绍了浙大EMBA中心的"商学+"培养理念，指出在"商学+"的背景下，将通过与企业家、院士、校友的合作来打造浙大EMBA培养的生态系统。邬雪松向出席沙龙的浙大校友、嘉宾表示欢迎，并对光大银行的集团战略做了介绍。

专题分享开始，浙江大学管理学院郭斌教授首先请大家以分组讨论的形式思考何为好战略，并与在场嘉宾进行分享。

在听完大家的分享后，郭斌教授通过时代华纳兄弟、IBM、华为、阿里等著名企业的具体事例，对"战略的最大价值在于对未来的可预见性"这一传统观点提出了质疑，他认为对于包括全球最顶尖商业大脑在内的绝大多数企业家而言，准确地预见未来是难以做到的，因此，战略对未来的预判性并非是必需的。

他进一步阐释道，好的战略不是自发成为结果的，而是透过企业中每个人在日常工作中的点滴细节才得以实现的。基于这一观点，他提出了好战略的三大基本准则，即企业全员对战略理解上的一致性，将员工本身嵌入企业发展战略，让员工的行为与战略进行有机联结以及他们对碎片化信息的整合能力。这三大准则可以帮助企业生成好战略，而这一战略生成过程才是战略本身最具价值的部分。

对于企业首席战略官（CSO），郭斌教授认为担此重任的人需要确保在战略生成过程中，符合上述三准则，并且在不确定的未来面前，要具有取舍的能力，同时还需思考如何提升组织而非个人的学习能力，驱动组织向前发展。

"战略不是研究我们未来做什么，而是研究我们今天做什么才有未来。"讲座最后，郭斌教授以"管理学之父"彼得·德鲁克的话作为结语，并为在场嘉宾留下了思考题，战略的意义是否在于消除不确定性。

讲座结束后，现场嘉宾也结合自身企业发展中对于战略制定的困惑与郭斌教授展开了讨论，各位企业家都表示这样的沙龙是学习和思考的好机会，希望能够将活动常态化，并就相关主题举行系列讲座，进一步深入研讨与交流。

责任编辑/沈丽萍

"丝绸之路"与中国式"全球化"

□ 张国刚/文

欧亚大陆和濒临地中海的北部非洲，自古以来构成了一个"世界岛"。轴心时代的巴比伦文明、埃及文明、印度文明、希腊文明和中华文明，都孕育于兹，繁荣于兹。20世纪初叶，英国学者麦金德（H. J. Mackinder，1861～1947）认为，相对于世界岛而言，美洲大陆、英伦三岛、澳大利亚、日本列岛，只属于被大西洋、太平洋、印度洋、北冰洋隔绝的边缘地带。

其实，这个世界岛是被丝绸之路连接着的。至少在古罗马时代，地中海周边的海陆通道都是畅达的。西欧亚大陆乃至南亚地区，自古以来就交往密切。

比如，公元前2000年到公元前500年，印欧人的民族大迁徙，从今天的伏尔加河、第聂伯河中下游出发，重塑了西欧、南欧、北欧、西亚、南亚的民族分布。又如，公元前4世纪

文明。所以，对于西部世界而言，真正具有"他者"异质的东方，不在尼罗河，不在高加索，而是在天山以东地区，在中国。

把中国文明与西欧亚及地中海世界连接起来的通道，就是陆上和海上的丝绸之路。

公元前2世纪中叶，张骞受汉武帝派遣，凿空西域，开通丝绸之路，成就了他的一世英名。这是众所周知的事实。其实，早在张骞之前，走通东西方通道的，是众多不知名的英雄。商周玉器，并不产自内地，而是通过"玉石之路"从新疆和田运来。《管子》多次谈到"禺氏之玉"（王国维认为"禺氏"就是"月氏"），也许就是这条路上的"走私品"。但是，为什么到了张骞之后，丝绸之路才真正建立和发展起来呢？这与丝绸之路此端的汉唐帝国国力强盛密切相关。

先秦时期，玉石之路上的商品往来，具有私人贩运性质，而且贩运的主体很可能是西戎民族。秦穆公称霸西戎，对于东西贸易的开拓有一定的促进作用。秦朝及汉朝初年，匈奴几乎垄断了通往西域的道路，自然也垄断了丝路贸易。只是到了汉武帝之后，凭借几代人六十年的休养生息政策，积累起来的国力，果断采取反击匈奴的政策，因此才有张骞的出使。

张骞来到大月氏新定居地（今日之阿富汗），引起他注意的是蜀地的竹制品和纺织品，当地人告诉他，这些物品是从印度来的，带着军事外交目的出使的张骞，不经意间就发现了经过四川、云南到缅甸而至印度的商贸通道。张骞第二次出使，携带了更多的物品，分送出使诸国，虽然这不算官方贸易，却促进了西域诸部族和邦国来华。这些外邦来使，与其说是向风慕义，不如说是为了经贸往来。

马其顿国王亚历山大东征，从地中海横扫西亚、中亚和南亚，把希腊文明带到了巴克特里亚（兴都库什山）。

总之，西欧亚大陆及北非地区，由于种族、宗教、文化、战争和经济的联系，交流密切。只有更加遥远的极东地区——中国，因为高山（喜马拉雅山山脉）和大漠的阻隔，处在一个相对独立的地理区域，发展出独特的华夏继汉武帝建立河西四郡之后，昭宣时代和东汉王朝，致力于建立西域地区的军事管理体制——西域都护，从而保障了这条贸易通道的畅通。唐朝设立安西四镇以及伊西北庭都护府，对葱岭东西地区的羁縻府州，实行了有效的控制，从而使唐朝的丝绸之路，比之于汉代有了更加长足的发展。可以说，汉唐时代的国力强盛，是丝绸之路得以建立、巩固与发展的先决条件。

值得提出的是，葱岭以西的道路建设，早在汉代官方开通丝绸之路交通之前，古波斯帝国和亚历山大帝国时期就有相当的水平。

罗马和波斯都很重视道路的修建与维护。以波斯帝国为例，修建了从帝国的四个首都通向各地的驿道。在帝国的西部，有一条从古都苏撒（Susa）直达小亚细亚以弗所城（Ephesus）的"御道"，长达2400千米，每20千米设一驿站及商馆，亦有旅舍供过往客商留宿。驿站特备快马，专差传送公文，急件可逢站换骑，日夜兼程，整个路程七日到达。波斯皇帝夸口说，他在苏撒宫中能吃上地中海的鲜鱼，似乎比杨贵妃在长安吃上四川的新鲜荔枝有过之而无不及。

在帝国东部，自巴比伦横跨伊朗高原，经中亚各城市而到达大夏（即巴克特里亚，阿富汗北部地区）、印度。显然，波斯帝国的道路，把中亚、两河流域、小亚细亚、叙利亚和埃及串联了起来。亚历山大帝国时期，在从大夏到埃及的广大东方地盘上建立了以"亚历山大里亚"为名的新城七十余座（经考古证实的不下四十座），从地中海滨向东蔓延到阿富汗、印度边境。在西汉张骞打通西域而建立起从中原经新疆至大夏的商路后，中亚原有道路网中的主要干线便成为丝绸之路的西段，从长安横贯中亚、西亚到欧洲，构成了陆上丝绸之路经济带。

2

丝绸之路对于中国方面来说，主要是边境贸易，中国人主动出境贸易，不占主流。

文献资料记载，陆上丝绸之路担当东西贸易的商人主要是塞种人，即大月氏人、匈奴人，中古时期则以粟特人为主流。《北齐书·和士开传》说这位北齐宠臣是西域胡商之后。前些年出土的虞弘墓、安伽墓、康业墓等都是在华粟特胡商或者其后裔。唐宋以后开辟的海上丝绸之路，主要是以波斯人和阿拉伯人为主，还有部分犹太人。

不是说，华人没有参与丝路贸易的。《法显传》上提到，他从斯里兰卡返回中国的途中，就是因为中国商人（同时也是法显的檀越）对他的保护，才免予同船婆罗门商人的戕害。但是，由于社会结构和宗教信仰的原因，也由于中国政府对于国外经商的严格管控，华人参与丝绸之路上的贸易，不是用部族或家族的方式，而是以散兵游勇的方式。阿拉伯人文献记载，公元9世纪的广州，外商有数万人之多。

关于边境胡商前来贸易的情况，《洛阳伽蓝记》卷三《城南》有一条对于北魏"四夷馆"前来贩货客商的记载："自葱岭已西，至于大秦，百国千城，莫不欢附，商胡贩客，日奔塞下，所谓尽天地之区已。"这里的"商胡客贩，日奔塞下"已经把来华贸易的热络情景表现无遗。外商来了之后，"乐中国土风，因而宅者，不可胜数。是以附化之民，万有余家。门巷填列，青槐荫陌，绿树垂庭，天下难得之货，咸悉在焉"。据记载，这些侨居商人，即所谓西夷，"来附者处崦嵫馆，赐宅慕义里"。

隋唐一统，特别是唐太宗平东突厥、平高昌，促进了丝绸之路的贸易发展。

唐太宗对来自昭武九姓的使者（他们关心的大约正是贸易）说："西突厥已降，商旅可行矣。"于是，"诸胡大悦"（《新唐书·西域传下》）。唐人文献和笔记小说里，商胡或胡商，是出现频率甚高的词语。吐鲁番出土文书中，对于贸易物品的规格和价格管理，井井有条，就是为适应边境贸易的外商而定，当地居民不可能有如此巨大的需求。

唐朝在边境地区，设置了管理商贸活动的"互市监"，安禄山和史思明最早在幽州做互市牙郎，就是管理这项工作的。他们通"六蕃语"，与外商谈生意有优势。边贸开市，"市易之日，卯后，各将货物、畜产，俱赴市所。官司先与蕃人对定物价，然后交易"（《白孔六帖·互市》）。边境节度使热衷于边贸，因为这是其重要的财政收入之一。而这笔收入，中央政府是把它计算在边军经费开支中的。《新唐书·西域传·下》说："开元盛时，税西域商胡以供四镇，出北道者纳赋轮台，地广则税倍。"

宋代，西北地区掌握在西夏政权手里，海上贸易因而兴盛。13世纪的蒙古帝国建立了横跨欧亚的大帝国。东西方贸易也空前高涨，马可·波罗一家就是从这条路上来华的。

《马可·波罗游记》关于中国的记载，最为突出的描述集中在经济、商业、道路走向和地形上，反映了作者作为商人的主要兴趣所在。他不仅提到金银、宝石、珍珠、盐、稻米、谷物、大黄、姜、糖、香料，令他关注的还有瓷器、纺织品和丝绸。他诧异地说，"大汗用树皮所造之纸币通行全国"，当金银一样充军饷。国内的交通运输、关津道路、驿站以及物价的管理，以及蛮子（原南宋地区）居民的工艺和经商才能，宏大而美丽的城市与港口，有着舟楫之利的广阔的水域系统，都令马可·波罗赞叹不已。

16世纪开始的大航海事业，是近500年来最重大的事件之一，欧洲人的东来形塑了今日的世界格局。这一伟大事变背后，就与"丝绸之路"直接相关。

元朝以后，西域地区出现了哈密、别失八里、柳城、于阗、火州以及吐鲁番等割据政权。帖木儿汗国（1370～1507）控制了中亚，奥斯曼帝国（1299～1922）统治了西亚，特别是1453年拜占庭灭亡之后，丝绸之路的陆上通道和海上通道，都不同程度地受到阻碍。因此，15世纪欧洲人的大航海事业，其重要动力之一，就源自破除丝绸之路的阻塞，适应东西方贸易增长的需求。欧洲人不满意丝绸之路被西亚和北非的阿拉伯中间商人所垄断，他们这回携航海技术进步的优势，要直接走到东西方贸易的前台，航船所向，就是遥远的中国和印度！

在葡萄牙人1498年进入印度洋以前，东方商品运往欧洲和非洲北部的通道有波斯湾和红海两条。波斯湾一线是自波斯湾入口处的霍尔木兹上行至巴士拉，叙利亚和土耳其商人，在此提取赢利丰厚的商品，经西亚陆路运往叙利亚或黑海的大港口，威尼斯人、热那亚人和加泰罗尼亚（今属西班牙）人，前来这些港口购买提货。

取道红海的货物则多来自马六甲，经印度西南的卡利卡特（即中国古书上的古里），或阿拉伯半岛南端的亚丁，进入红海，在图尔或苏伊士卸货，并由陆路运往开罗。到达开罗的货品一部分前行至亚历山大，直接由威尼斯、热那亚和加泰罗尼亚商人趸去；另一部分则由北非的撒拉逊商人，从亚历山大运往北非的各地中海港口和一些内地城市。

西人东来，不仅冲破了中间商的盘剥与垄断，也冲击着中国政府特别是明朝政府在丝路所经南海地区的朝贡体系。明朝开始直接面对西方，中国内地商品通过澳门大量进入西方市场。有数据表明，万历八年至万历十八年（1580～1590），自澳门运往果阿的生丝每年3000多担，值银24万两，崇祯八年（1635）达到6000担，值银24万两。经由马尼拉运至美洲的中国商品则成为太平洋大帆船贸易中的主要货物来源。

世界市场对中国商品的大量需求无疑为中国沿海商品经济的发展开辟了广阔前景。清朝在康熙朝巩固了对于沿海和台湾地区的统治后，基本上把海上贸易集中在广州一地的十三行。中国主要外销商品，有瓷器、茶叶、布匹等。

中国在对外贸易中始终处于出超地位，积累了大量白银。明清时代，中国的货币改由白银计量，这是重大原因。这就存在一个巨大风险，明清时期的国内金融政策是取决于国际贸易中白银的进口盈缩。东南地区甚至因为生产能够赚取"外汇"（白银）的经济作物，而出现了粮食短缺，需要从北方或者外国进口的情况。

可是，随着墨西哥地区白银开采量的减少，为了平衡中外贸易，欧洲——主要是英国人——开始向中国销售毒品鸦片，这些鸦片多数是英国在南亚或者东南亚殖民地生产的，运销中国十分方便，从而使中西贸易变成了毒品换取商品的畸形结构，乃至导致激烈的政治和军事冲突。历史于是来到了另外一个十字路口。

为什么中国政府一次次拒绝欧洲国家的主动贸易行为，诸如订条约、设使馆、开商埠，就是因为历史上中国的陆上或者海上的丝路贸易，都是中国与周边国家政治关系的一部分，政治上的互信与经济上的往来密不可分。

可是，这一次，18～19世纪的中国，面对的不再是传统意义上的朝贡体系，欧洲人也没有任何奇珍异宝，可以平衡中国在丝绸、瓷器、茶叶等对外贸易的巨额出超。于是，大量白银涌入中国，冲击着中国的金融秩序，朝廷财政严重依赖白银进口，中国东南地区的产业分工甚至也依赖上了对外贸易。这是汉唐时期所不曾有过的。于是，当欧洲人为了平衡贸易逆差，向中国销售毒品鸦片时，经济贸易演变成政治和军事冲突，已经势不可免。

汉唐以来丝绸之路上中国与西方的经济与贸易关系的起伏变化，也是我们观察"一带一路"沿途国家和地区政治实力兴衰消长的"晴雨表"。

截至19世纪中叶，"一带一路"上的中西关系，可以划分为两个不同的发展时期。前一个时期，从远古时代到郑和下西洋结束的15世纪前期，可以称为古典时期。又可以分为两个不同的阶段，汉唐盛世，陆上丝绸之路为主体；宋元时代海上香瓷之路则有了更重要的地位。汉唐时期，西域的交流最活跃；宋元时代，南海的贸易最繁盛。

从直接交往的地区而言，12世纪以前的中西交往主要是中国与西亚、中亚及南亚的交往，与欧洲人的直接往来极其罕见。十三四世纪，由于蒙古人的帝国造就了欧亚大陆直接交通的便利条件，使欧洲的旅行家、使节、传教士开始设法进入中国。他们都是通过西亚的陆路前来，进入西亚之后，或者北上俄罗斯大草原抵达中国边境，或者南下波斯湾经过一段海路在中国东南沿海登陆。而且这些零星来访者在中国多数行色匆匆，元代在北京和泉州曾建立天主教教区，无奈时间不长且在此工作的欧洲人也很少。

后一个时期，主要是明清时期，从15世纪后期到19世纪初叶，相当于新航路开辟以来的三个世纪，我们可以称为近代早期（亦可称为启蒙时期，但这两种称呼都是欧洲中心的）。就地区而言，这个时期中国与亚洲国家的交通往来依然频繁，但是最具影响力的是中国与欧洲的交往。此时期，中国在政治关系上是主权独立的（与19世纪中叶以后逐渐陷入半殖民地不同）；在经济上，中西仍然进行大体自愿的贸易往来。虽然中国在经济和科学领域已经逐渐落伍，但西方文明的东渐和中国文化的西传却保持一个互惠和平等的格局。

15世纪末期以来，以哥伦布发现美洲、达·伽马开通欧洲——印度洋航路和麦哲伦环球航行为代表的许多航海活动，促进了欧洲各国航海事业的进步，随之而来的是海外殖民势力扩张活动的加速发展。

此时，欧洲人频频由海路造访中国，大多数绕过好望角斜插印度洋，也有人经由美洲横穿太平洋。取道西北陆路来华几乎只是俄国人的专利，西欧各国虽多次努力想从俄国借道，但成果甚微。16～18世纪承担中西文化交流使命的主要是耶稣会士。耶稣会士既深刻影响了中国人对于基督教的观念，也深刻地影响了欧洲人对于中国的看法。作为一个整体的耶稣会士所塑造的中国形象成为这时期欧洲人认识中国的起点，也成为欧洲人勾画自己心目中"中国"的基础。

从思想文化交流的层面而言，汉唐时代，影响中国的主要是西域的佛教；宋元时代至明初，传入中国的主要是伊斯兰文化。至于近代早期（1500～1800年），则是欧洲的基督教文化通过传教士入华。明清时期中西文化关系，基本上是一个中学西传的单向流动过程，虽然经耶稣教士之手，有部分西方科技与基督教思想传入中国，但与中学西传的规模和影响相比，可以说很不起眼。相反，汉唐时期佛教入华，无论是东来传法，还是西行取经，也几乎是单向的自西往东。中国以"四大发明"为主体的工艺性文明则在唐宋时代传到西方世界。

19世纪是西方殖民主义向全球扩张的帝国主义阶段，像中国这样不曾如印度那样沦为殖民地的主权国家，也因为鸦片战争而被迫打开了国门，脚步沉重地迈出了中世纪；西学东渐日益强盛，以致出现西潮汹涌的另外一种单向流动的局面。

总之，远东地区与欧亚非大陆的丝绸贸易，从上古的走私活动到汉唐时代的边境贸易，乃至大航海时代以来的中欧直接通商，"一带一路"，源远流长。金戈铁马，血雨腥风；胡天汉月，羌笛驼铃；天方海舶，贾客乡情；丝路花雨，木铎声声。在物质和精神文明流淌的背后，人类共同的命运，也由此而编织在一起。

责任编辑/楼燕红

山西为什么是中国金融的鼻祖？

□ 嵩 果/文

在漫长的历史岁月中，山西的昔日荣光到底有如何璀璨，又是如何逐渐湮灭在中国的历史变迁中的？山西，诠释着地区间的兴废流转。

然而一个世纪以前，这片土地几乎汇集流通着整个国家的民间钱财，其商业发展状况与经济自由度指数可谓执中国之牛耳。余秋雨就曾在《抱愧山西》中写道：

"在上一世纪乃至以前相当长的一个时期内，中国最富有的省份不是我们现在可以想象的那些地区，而是山西！直到本世纪初，山西，仍是中国堂而皇之的金融贸易中心。"

在中国经济中心南移之前，如今在北上广深那些大城市里像模像样的金融贸易"大厦"，大多分布在山西省平遥县和太谷县的街道间。那么，明清之际的山西又缘何几乎垄断整个中国的金融业呢？

三晋繁荣的积淀

山西是中华文明的发祥地之一，在中国上下5000年历史上留下了浓墨重彩的一笔，而其中有文字记载的历史就有3000年之久。

当今的山西乃是春秋时期晋国的属地，晋国极盛之时，国土曾经囊括当今山西的大部分地区，以及河北西南部、河南北部和陕西的部分地区。

春秋后期，晋国国力渐弱而被韩、赵、魏三国瓜分，因而后称山西为三晋。

秦始皇统一中国后，山西在很长一段历史时期内无论在文化、军事还是经济方面都曾经占有非常重要的地位。

隋炀帝曾任命李渊为山西河东道慰抚大使，由此才有了后世之称的"山西"之名。之后李渊起兵晋阳（太原），奠定了建立唐朝的基础，因此，唐朝一直将山西视为龙兴之地。

到五代十国时期，山西晋南已经成为重要的农业基地。由于矿产丰富，绛州生产的钱已占全国的三分之一。更为重要的是山西地势居高临下，山谷纵横，有险可控，具有重要的军事价值与战略地位。

宋辽之际，因山西地处北东边防，晋人与藩人互市的商业行为已经十分频繁，这也促进了山西商业的进一步繁荣。而其中泽潞的铁煤、丝绸、硫碱，河东的盐彼时已名扬天下。

到了宋朝，政府怕互市危及统治，曾经几次闭市，但是晋人强大的经商能力使闭市只能成为泡影。

待到元朝之时，大同、平阳、太原三城已经富甲一方，发展成了大都市。马可·波罗就曾经用诸如"壮丽的城堡"这样的词汇来描述当时的山西临晋,山西的繁荣可见一斑。

晋商的兴起

明朝建立,元朝灭亡后,蒙古人退居漠北并在草原上建立了政权,从此开始了和明朝长达近三个世纪的拉锯战。

当时明朝建立初期为了抵御外敌,在长城沿线设置的九关重镇少说驻兵也有近万人,这么多人吃吃喝喝,粮草的供应就成了大麻烦。

于是,政府制定政策,也就是开中制,开始为部分商人签发盐票,鼓励他们将政府生产的物资运送到朝廷需要的地方进行贩卖。

而在这些商人中,山西人又尤为吃苦耐劳,凭着为政府贩卖物资赚取的差价,晋人不仅填饱了肚子,还从中渐渐积累起相当大的资本。

明朝开中制的实行,为晋商的发展提供了契机,作为中国十大商帮之一的晋帮也由此最先发展起来。

晋商的发展离不开天时地利,也离不开山西人独到的商业眼光。后来到了隆庆年间,明朝感觉再这样与蒙古对抗下去着实力不从心,便与蒙古达成了隆庆和议,并在长城沿边开设互市,实现了两个政权之间的商业交往。

当时明朝北方的土地贫瘠,灾害频发,山西人抓住机遇离开故土到蒙古大草原另谋生路,一时兴起"走西口"的浪潮。

"走西口"浪潮可谓是中国史上最大的人口迁徙活动之一。这时山西人发现蒙古人民普遍缺衣少食,物资相当匮乏,新的商业机遇为山西人从事经商活动造就了条件。

从南下武夷山贩茶到东赴苏杭买布,越过杀虎口到达蒙古草原乃至中俄边境的哈克图,晋商开辟了一条万里茶路,促进了蒙古地区商业的繁荣,并因此造就了一大批晋商富贾。

清朝入主中原之后,山西的行商势力已经相当强大。精通蒙古语的行商是"通事行",最大的"通事行"即山西人开办的"大盛魁",有将近7000人的从业人员。"大盛魁"的财力超强,可以用50两重的银元宝铺一条从乌兰巴托到北京的路。

晋商的兴起对于中国古代重农抑商的封建思想无疑是一种有力冲击,也打开了明清资本流通的新局面。

晋商巅峰——票号的出现

生意做到了极致,社会商品经济也已经发展得较为成熟,到了清朝,晋商已经成为国内最大的商帮。晋商分布在全国各地,每天收获巨大成交额的同时也面临很多新的问题。

首先产生的问题,就是晋商常年从事长途贩运,商品流转和资金周转的速度十分缓慢,巨额的财富使他们有大量借贷需求,也需要财力雄厚的借贷机构。

再有,晋帮的商号间,有大量资金调拨和结算的需求,但是当时清政府并不印制银票,市面上流通的仍然是白银,大量的白银运输就成为一个难题,而且镖局运现风险极大,难免出现一两个武功高强的江洋大盗前来劫镖。

这时候,商业活动及政府收拨款靠镖局运现已经远远不能满足业务发展的需要,于是中国现代金融机构的雏形,山西票号便应运而生。

票号有强大的财力支持,除了通过存放款支持钱庄及商号的经营活动外,仍然以汇兑金银为主要的金融业务。票号的出现在很大程度上适应了晋商发展的需要,加速了资本的流通。

清朝捐纳制度的实行使票号与清政府的结合更为紧密。当时清政府实行捐纳制度转让官职,以获得钱财补贴财政。

山西票号凭借巨大的财力支撑被当时的捐

官者所看重。为了进一步获得政府庇护从而取得巨大利润，财东和经理人员便直接捐纳报效买取官衔和封典，挤入了官僚统治阶层。

票号通过汇兑军饷和协饷，为地方政府垫款等方式逐渐成为清政府的代理国库与财政部。而政府与票号的特殊关系也使票号一时风光无两。

在当时的票号中，名声最大的当属"日升昌记"，人称"中国第一票号"。起初，日升昌不过是一个颜料作坊，这个作坊的东家李先生聘请雷履泰偶尔做些汇兑、贷款之类的金融业务。

之后这业务越做越大，东家干脆直接出资成立了日升昌票号，雷履泰出任大掌柜。

后来，日升昌名号越来越响，不到几年的时间就在全国各地开了几百家分号，日升昌鼎盛时，竟然占有清政府80%的白银储备，一时叱咤风云，无出其右。

日升昌的成功与其探索的先进管理经验是分不开的。其组织架构分为三种：东家、掌柜、伙计。

东家，毫无疑问，主要负责出资和任命掌柜，而选出一个好的掌柜也是作为东家头等大事。而作为掌柜（经理）则直接负责票号运作，同时指使伙计干些拨拨算盘、记记账之类的杂活。

值得注意的是，在日升昌上班还能入股，除出资外，还可以出人力，即身股。当时晋商探索出的这种经理负责制及人身顶股制有力地促进了票号的发展，这种管理经验即便放在现在也仍有借鉴意义。

商业传奇的落幕

晋商崛起于明初北方边境的粮盐贸易，清朝时又以皇商的角色取得商业特权，晋商的成功既离不开山西人灵活的经商头脑，更离不开政府政策的扶持与时势带来的机遇。

随着清朝末期政府的加速腐败，鸦片战争以来，政府把战争赔款的负担转嫁给民间，晋商也因此遭受了巨大的损失。曾经受益于清政府扶持的山西票号此时也不得不面临被慢慢蚕食的命运。

近代以来，外国资本主义势力的入侵也成为晋商破产的诱因之一。例如俄商利用特权在汉口开设砖茶厂，不断地挤压晋商贩茶的生存空间。

1909年俄政府又对在俄华商征收重税，清政府对此束手无策，而一些晋商大佬又普遍思想陈旧，票号彻底失去了改革发展的机会，山西人所创造的商业传奇也走到了尽头，从此湮没在历史的尘埃中。

昔日汇通天下的金融中心山西也随着晋商的衰落失去了其往日的地位，但是这段历史将一直被镌刻在中国历史的书卷里。

责任编辑/楼燕红

资讯
HANGZHOU INFORMATION

杭州滨江全国首创总包代建模式让安置房建设又快又好

□杭商全媒体记者 邹 芸/文 马晓才/摄

日前，杭州市滨江区2019年为民办实事项目出炉。安置小区建设再次位列该区民生实事第一要务。该区区政府表示将力求在本届班子任期内基本完成全区拆迁户安置工作。

加快安置小区建设，是促进征迁工作顺利推进的重要保证。在城市化进程中，拆迁人员的妥善安置不仅关系到千家万户的幸福安康，更关系到一座城市的稳定和谐，体现着整个社会的良心与情怀。为此，滨江区有关部门在区委、区政府的领导下，坚持"以善良之心，责任之行，为老百姓建好房子"。

为了让安置房建设得"又快又好"，该区农村多层住宅建设管理中心勇于创新，推出了全国首创的总包代建模式，通过公开招标选择品牌房地产开发企业，并采用房地产商业开发模式建设安置房。

该模式又称交钥匙工程模式，即中标代建单位负责从可行性研究方案开始，完成包括初步设计、施工图设计、施工招投标、工程施工及管理、竣工验收、大证办理移交等一系列工作，直至房屋质保期结束的全过程开发及管理。

根据总包代建开发的合同约定，项目将在36个月后完成交付，工期比以往的安置房项目平均可以提前6~12个月。

在建设速度大幅度提高的同时，这一模式也使该区安置房品质得以提升。目前，该区所有总包代建的安置房项目均设置了实地样板间，展示整个项目计划采用的各项材料，作为统一标准体系的外化。

无论是专业人士及非专业人士皆可对在建项目和展示的标准进行比对，从而对工程质量进行监督。

据了解，2018年，该区安置小区建设取得了突破性成果，全年开工面积达224万平方米，其中当年民生实事项目开工144.83万平方米，两项数据均远超当年初所确定的目标，并在该区安置小区建设历史上创下新高。

在开工项目中，十三区块扩点（四期）、九区块扩点（耀洋二期）、十区块北扩七期、长虹苑扩点三期、宝龙东区块等都以总包代建模式进行建设开发，开工面积总计约100.86平方米。

该区建管中心负责人表示，未来，将继续以点带面，及时总结开展总包代建的探索经验，并将该模式推广到全区所有安置房在建项目中去，逐步提升滨江区安置房的整体形象，打造全域安置品牌，向全市乃至全省推广可以复制的滨江模式。

责任编辑/沈丽萍

公司成立于1993年，专业从事建筑钢结构用钢管、电力输送工程用钢管、水煤气管道工程用钢管、机械工程用结构钢管和市政工程用钢管的制造，是集生产、经营、贸易、服务和技术开发于一体的专业性公司。注册资金3980万元，拥有固定资产1.6亿元，占地面积8.5万平方米。

公司生产设备较为先进，检测手段齐全，拥有多条自动化程度较高的高频焊管生产线和埋弧焊管生产线。生产的钢管主要应用于大跨度网架工程、建筑钢结构工程（火车站、机场、体育场馆钢结构工程）、电力及超高压输配电工程、机械工程、跨海大桥、桥梁、市政管网、基础打桩、水煤气管道和公路建设等配套设施。在国家、省、市的多项重点工程及国际钢结构工程中，留下了公司产品坚实的足迹，特别是近几年的主要跨海大桥、桥梁都使用了公司的产品，如厦门演武跨海大桥、杭州江东大桥和九堡大桥等。

公司系中国质量、服务、信誉AAA级企业，"五福"为中国驰名商标。

浙江杭重科技有限公司

◎地址：杭州市萧山区桥南开发区鸿兴路268号　◎邮编：311231
◎电话：0571-22866902　◎传真：0571-22866900　◎Http://wufusteel.goouoo.com

TEL / 0571 / 2286 / 6879

Wufu Steel Pipe

  创于1981年,三元控股集团专注面料主业,现拥有16家子公司,员工7100余名,业务领域覆盖面料、服装、新材料与房产。

  多年来,三元控股旗下集美印染、天瑞印染、新生印染、华仑印染等各子公司均形成了自身特色与专业优势,产品系列覆盖各类棉、麻、化纤、混纺等染色印花面料以及高档色织面料等,是国内产品系列最为齐全的面料集成供应商之一,为中国印染行业协会副会长单位、全国染料标准化技术委员会委员单位与国家印染产品开发基地。

  三元控股与东华大学、中国科学院化学研究所等机构合作,以省级技术中心与企业博士后工作站为依托,不断推进产品技术创新,提升产品价值,下属子公司三元纺织、三元电子、天宇印染被认定为国家高新技术企业。各面料子公司着力转变营销模式,从加工到贸易,提高终端客户服务能力,推进管理精益化与现代化,提升企业持续的竞争力与赢利能力。

  2002年公司入选中国民营企业500强,2009年入选中国大企业集团竞争力500强,2010年入选中国印染行业十佳企业。

三元控股集团有限公司

业务领域覆盖
TEL: 0571-22808888

地址：杭州市萧山区党湾镇兴乐路88号
邮编：311221　传真：0571-22808800
Http：//www.saintyear.com　E-mail：office@saintyear.com

SAINTYEAR HOLDING GROUP CO., LTD.

面料·服装·新材料·房产

W 详情请登录
紧商螺丝城交易平台
www.jinshang9.com

紧商科技

尽在掌握

全国服务热线：0571/5717/3777

◎地址：杭州市萧山区党湾镇镇中路　　◎邮编：311221　　◎电话：0571-57173777　　◎传真：0571-83693829

紧商科技股份有限公司前身是杭州一键通电子商务有限公司，成立于2009年。2016年2月紧商科技股份有限公司在一键通的基础上组建，注册资本6000万元，完成第一轮增资，实收资本1.47亿元，计划投资15亿元。先后荣获中国电子商务行业最具创新奖、互联网平台金鹰奖、优秀流通平台等奖项，得到市场的认可和客户的信任。

紧商科技以紧固件行业生产为后盾，以汇聚全球信息、共享行业资源为方针，市场需求为导向，通过"紧商网"为链接，整合行业上、下游资源，为企业提供生产原、辅材料及相关企业需求的日常生活用品，为企业提供"一站式"服务。

紧商科技将在温州建立紧商电子商务产业园基地，从价值链上游解决企业产品设计缺失问题，帮助企业打造自主产品，在全国范围内为核心供应商提供品牌推广服务；在长三角地区以杭州湾为中心建立集仓储、物流、配送及配套服务为一体的综合性管理总部——仓储物流中心；在珠三角、长三角、渤海湾以及西南地区建立物流配送基地。

顶级的自律
——读《曾国藩日记》

□张宏杰/文

曾文正公真正践行了"吾日三省吾身",他是怎么在平凡之中积聚伟大的?另外,他是如何做到一颗恒心贯穿始终的?最后,我们也应知晓:"种一棵树最好的时间是十年前,而后,则是现在。"

三十而立，学做圣人

曾国藩留给后人的印象是性格厚重，富于耐性。按星座学来说，这是"土象星座"比如金牛座的特点：具有持之以恒的精神，适合从事需要顽强毅力和付出长期艰苦努力的工作。

但是曾国藩的生日显示，他居然是射手座。射手座的性格特点是什么呢？据说是"像风一样自由"，性格外向，坐不住。曾国藩在青年时代的确如此，他是一个非常爱交朋友、非常爱串门、爱聊天、爱开玩笑的人。

其实刚刚到北京的曾国藩不光是见识狭窄、观念鄙俗，性格上还有很多缺点。

曾国藩性格中的第一个毛病，就是静不下来，生活不规律。

第二个毛病是为人傲慢，修养不好。他是同学中唯一的进士，又点了翰林，因此难免觉得自己很了不起。到北京的头几年经常跟人发生冲突，有一次他跟一个同乡——刑部主事郑小珊因某事意见不一致吵起来了，隔着桌子就要动手，大家给拉开后，还彼此指着对方的鼻子破口大骂。

第三个毛病是"虚伪"。当然这种"虚伪"不是指他多么大奸大恶，而是指他跟普通人一样，在社交场合容易顺情说好话，而且喜欢夸夸其谈，不懂装懂。

人人都有自我完善的欲望，特别是青年时期，是一个人最追求完美的时候。三十岁这一年，在曾国藩的生命史上是非常重要的一年，这一年他决定要脱胎换骨，重新做人，立下了学做"圣人"之志。

所谓圣人，就是通过自己的勤学苦修体悟了天理，掌握了天下万物运行的规律。这样，他一举一动，无不合宜，就可以经邦治国，造福于民。而自己立功立德立言，万世不朽。

这是一个何其宏伟的人设！

曾国藩在三十岁这年把自己的人生目标定位为"圣人"。"不为圣贤，便为禽兽"，也就是说，我只有一个选择，或者做一个浑浑噩噩的人，或者做一个圣人，没有中间道路可选。

道光二十二年（1842），曾国藩在写给弟弟的信中说，他已经立定了终身之志。他说：

君子之立志也，有民胞物与之量，有内圣外王之业，而后不忝于父母之生，不愧为天地之完人。

这就是他为自己立定的"终身大规模"。他认为，这一目标实现了，其他目标就自然而然能达到。

脱胎换骨的开始：写日记

志向非常高远，但是怎么做到呢？曾国藩学做圣人的方法很简单，就是"写日记"。

曾国藩向大儒唐鉴请教如何自我管理。唐鉴告诉他，最关键的是每天都写日记。这是入圣之基。曾国藩一开始并不明白。因为他以前写过日记，并没发现记日记有什么重要。

我们翻开曾国藩的早期日记，和我们大部分人的日记一样，记得并不得法，存在很多问题：

第一个是不连贯，不能一直坚持。现存的曾国藩最早的日记，连续记了将近一年。从道光十九年（1839）初记到当年十二月二十一日就中断了。曾国藩说，这是因为他把日记簿"误置箱内，不能逐日取出，随意记载"，这个借口显然很牵强。

第二个是把日记记成流水账，经常一整天的事就记成一句。比如道光十九年（1839）四月二十七日日记就六个字："沈明府请吃饭。"五月初九日日记五个字："住上选叔家。"敷衍了事。

第三个是在日记中对自己提出的要求，并不能做到。

唐鉴告诉他，日记不是这个写法。写日记最重要的目的是要反省自己。唐鉴每天晚上都要记几条自省录，来督责、规范自己。即使在路上，或者有什么紧急事务，也不打破这个规律。

首先，要把写日记当成生活中的一件大事，日记要用恭楷来写，因为这样反映一种诚敬的心态。

其次，日记的作用是"研几"，几就是细节，就是抓住生活中的细节，通过每一个细节来改变自己，而不是在细节上轻轻滑过去。

于是，曾国藩从道光二十二年（1842）十月一日开始恭楷写日记。把一天做了什么事、说了什么话，都要细细地过一遍，然后反省哪件事做得不对，哪句话说得不对，"痛自警醒"，记载下来，深刻反省。

他在日记中把自己跟郑小珊打架这件事记述了一遍，然后进行分析，这件事虽然是两个人都有毛病，但是圣人教导说，改过要从自己做起，而且改过要从速，意识到了马上就改。

所以他撂下笔，马上就去向郑小珊赔罪。郑小珊也很感动，本来是俩人都有错，结果曾国藩主动道歉，于是两个人把酒言欢，尽释前嫌。

对于自己爱犯的"言不由衷""虚伪""浮夸"，他在日记中也是高度警惕。他反省道："予此病甚深。孔子之所谓巧令，孟子之所谓餂，其我之谓乎？……试思此求悦于人之念，君子乎？女子小人乎？"也就是说，动不动就随口夸人，这正是孔子说的"巧令"，是小人行径。曾国藩反思，评论人、夸奖人要慎重，这样人家才会拿自己的话当回事。

事必有所激有所逼，才能有所成

圣人标准实在是太超绝了。它要求人每一分钟都展开对自然本性的搏杀，那真是针针见血，刀刀剜心，因此能够坚持下来非常艰难，但是曾国藩却坚持下来了。为什么呢？

曾国藩道光二十二年（1842）十月一日以后的日记，跟今人写微博很像。我们知道，一则微博是一百四十个字，曾国藩的日记也不长，一天也就一二百字，关键是每隔一段时间，去让朋友们都看一遍，并且要求每个人做点评，就像今天在微博下面的跟帖。

为什么把日记给朋友看呢？因为外力远远大于内力。事必有所激有所逼，才能有所成。每个人的意志力都是有极限的，自己监督自己都是有盲点的，不容易做到彻底，但是人都有自尊心，因此通过自己的朋友、老师监督自己往往是最有效的。

曾国藩把这个习惯坚持了一生。后来离开北京，在外带兵，他就把自己的日记定期抄写，送回老家，给兄弟子侄们看。一是为他们做一个榜样，再一个是让他们监督自己。就这样，通过记日记这种方式，曾国藩的气质、习惯一天天地发生着变化。

在学做圣人的道路上，曾国藩取得的第一

项成功是戒烟。

曾国藩的烟龄很长。湘中烟草的味道很辛辣，劲头十足。读书之时，他曾经是成天烟筒不离手的。三十岁以前，他也曾试着戒过两次烟，不过都没有成功。

在立志自新后，曾国藩发誓戒烟："客去后，念每日昏锢，由于多吃烟，因立毁烟袋，誓永不再吃烟。如再食烟，明神殛之！"

戒除多年的烟瘾，对任何人都是一件痛苦的事，戒烟的第二天，曾国藩就开始彷徨无主，寝食不安。说自己如同"失乳彷徨"。把戒烟比喻为婴儿断乳，可谓相当准确。

但是就像曾国藩一生中的其他事一样，一旦下定决心，他就没有退让过一步。不论多么痛苦煎熬，他就是不再碰烟具。到快一个月头时，他在日记中记道："吾自戒吃烟，将一月矣，今差定矣！"

对于自己戒烟成功，曾国藩终生引以为豪，并且以此为例，教育子弟。多年之后，他还对弟弟提到此事，作为"无事不可变"的例证。

人而无恒，终身一无所成

戒烟成功，极大地增强了曾国藩"学做圣人"的信心。他自以为通过记日课，便可以迅速改掉所有缺点，成为焕然一新的圣贤之徒。但过了数月之后，他发现，要改掉其他缺点，远不如戒烟那么容易。

性格深处的缺陷并不像戒除一项单纯的嗜好。吸烟有形有迹，戒烟只需要做到一条：手不碰烟具即可。而更多的性格弱点是深植于人的本性之中的，多年形成，与人的其他部分血肉交融成一个整体，通过一时半会儿的"猛火煮"不会彻底改掉，只有用一生的时间去"慢火炖"，才有可能慢慢化解。

因此，在修身起始阶段，重要的是猛。在进行阶段，更重要的是韧。在自我完善的过程中，一个人肯定会经受无数次的反复、失败、挫折甚至倒退。关键是不能放弃。

曾国藩一生最推崇的品质就是"有恒"。他在写给几位弟弟的信中说：

凡人作一事，便须全副精神注在此一事，首尾不懈。不可见异思迁，做这样想那样，坐这山望那山。人而无恒，终身一无所成。

我们看曾国藩的日记，可以很清楚地看到，他这一生，就是不断自我磨砺的一生，一天也没停止修炼的脚步。从青年到老年，曾国藩都生活在不停地自省中，每天都在日记中不断反省自己的缺点，纠正自己的行为。

六十二岁时，已经功成名就的他，在日记中的自责自省和他三十岁立志做圣人的时候，仍然一模一样。

责任编辑/楼燕红

0571/8265/4713

缔造
Create the beautiful life
美好生活

浙江铭阳工程管理股份有限公司

地址：杭州市萧山区宁围国丰大厦18楼

  公司是一家拥有建筑装修装饰工程专业承包二级，房屋建筑工程施工总承包三级资质的专业建筑施工企业，能独立承担工业与民用大中型建设施工建设。专业从事房屋建筑工程管理、矿山工程、水利水电工程、人防工程、机电安装工程、公路工程、市政公用工程、地质灾害治理工程、工程建设项目招标代理以及工程造价咨询等建设和服务。

  公司"以质量为生存，以诚信求发展"的经营理念融入企业的日常工作，坚持"忠诚奉献，团结协作，奋勇进取，追求卓越"的企业精神，内炼外拓、不断进取。

HANGSHANG GALLERY

您可以在以下场所阅读到本刊 （排序不分先后）

西湖富尔夫
地址：杭州之江大道200号
电话：0571-8709 7799

FUCHUN RESORT Hangzhou
富春山居高尔夫俱乐部
地址：富阳市杭富沿江公路富阳段
电话：0571-6346 1111

Hilton SANYA YALONG BAY RESORT & SPA
金茂三亚亚龙湾希尔顿大酒店
地址：三亚市亚龙湾国家旅游度假区
电话：0898-8858 8888

MARRIOTT RESORT SANYA YALONG BAY
三亚亚龙湾万豪度假酒店
地址：三亚市亚龙湾国家旅游度假区
电话：0898-8856 8888

杭州西湖国宾馆
HANGZHOU XIHU STATE GUESTHOUSE
地址：杭州市杨公堤18号
电话：0571-8797 9889

杭州香格里拉饭店
Shangri-La hotel
HANGZHOU, CHINA
地址：杭州市北山路78号
电话：0571-8797 7951

浦东香格里拉大酒店
Pudong Shangri-La
SHANGHAI
地址：上海浦东富城路33号
电话：021-2828 6319

FOUR SEASONS HOTEL
Hangzhou at West Lake
地址：杭州市灵隐路5号
电话：0571-8829 8888

杭州开元名都大酒店
NEW CENTURY GRAND HOTEL HANGZHOU
HANGZHOU CHINA
地址：杭州市萧山区市中路818号
电话：0571-8288 8888

浙商开元名都酒店
GRAND NEW CENTURY HOTEL
Yuhang Hangzhou
地址：杭州市余杭区南苑街道迎宾路535号
电话：0571-8857 8888

海南棋子湾开元度假村
NEW CENTURY RESORT
Qizi Bay Hainan
地址：海南昌江棋子湾旅游景区广德路
电话：0898-3115 6666

杭州盛泰开元名都大酒店
GRAND NEW CENTURY HOTEL
Xiasha Hangzhou
地址：杭州经济技术开发区5号大街297号
电话：0571-8827 9999

绍兴开元名都大酒店
NEW CENTURY GRAND HOTEL SHAOXING
SHAOXING CHINA
地址：绍兴市越城区人民东路278号
电话：0575-8809 8888

诸暨耀江开元名都大酒店
YAOJIANG NEW CENTURY GRAND HOTEL ZHUJI
SHAOXING CHINA
地址：诸暨市环城东路207号
电话：0575-8879 8888

杭州千岛湖开元度假村
NEW CENTURY RESORT QIANDAO LAKE HANGZHOU
HANGZHOU CHINA
地址：杭州市淳安千岛湖镇麒麟半岛
电话：0571-6501 8888

杭州千岛龙庭开元大酒店
LONGTING NEW CENTURY HOTEL QIANDAO LAKE HANGZHOU
HANGZHOU CHINA
地址：杭州市淳安县千岛湖环湖南路1号
电话：0571-6506 8888

浙江三立开元名都大酒店
SANLI NEW CENTURY GRAND HOTEL ZHEJIANG
HANGZHOU CHINA
地址：杭州市下城区绍兴路538号
电话：0571-8509 9999

桐庐开元名都大酒店
NEW CENTURY GRAND HOTEL TONGLU
HANGZHOU CHINA
地址：杭州市桐庐白云源路999号
电话：0571-6981 8888

余姚四明湖开元山庄
NEW CENTURY RESORT SIMING LAKE
YUYAO CHINA
地址：余姚市梁弄镇狮子山
电话：0574-6237 7777

DAYU KAIYUAN
大禹·開元
地址：绍兴市二环南路1988号
电话：0575-8829 8888

SOFITEL LUXURY HOTELS 杭州索菲特西湖大酒店 HANGZHOU WESTLAKE 地址：杭州市西湖大道333号 电话：0571-8707 5858	 地址：杭州市萧山区城厢街道湘湖路697号 电话：0571-8222 7777	**CROWNE PLAZA** HANGZHOU XANADU RESORT 杭州世外桃源皇冠假日酒店 地址：杭州市萧山区湘湖路3318号 电话：0571-8388 0888	**InterContinental** ONE THOUSAND ISLAND LAKE RESORT 千岛湖洲际度假酒店 地址：淳安县千岛湖镇羡山半岛 电话：0571-8881 8888
Hilton HANGZHOU QIANDAO LAKE RESORT 杭州千岛湖滨江希尔顿度假酒店 地址：淳安县千岛湖环湖北路600号 电话：0571-6508 6666	**NARADA** Resort & Spa QIANDAO LAKE · CHINA 千岛湖梅地亚君澜度假酒店 地址：淳安县千岛湖镇梦姑路488号 电话：0571-6498 8888	 千岛湖润和建国度假酒店 QIANDAOHU RUNHE JIANGUO HOTEL 杭州 HANGZHOU 地址：淳安县千岛湖镇梦姑路298号 电话：0571-6508 9999	**B** **BRIGHT** Resort Qiandao Lake 千岛湖伯瑞特度假酒店 地址：淳安县千岛湖镇港口路369号 电话：0571-6499 7777
 千岛湖温馨岛蝶来度假酒店 DEEFLY THOUSAND-ISLAND LAKE HANGZHOU 地址：杭州市淳安县千岛湖镇温馨岛 电话：0571-6501 2888	**Sheraton** Hangzhou WETLAND PARK RESORT 杭州西溪喜来登度假酒店 地址：杭州市紫金港路西溪天堂 电话：0571-8500 2222	 **WU ZHI ZHOU CORAL HOTEL** 蜈支洲岛珊瑚酒店 地址：三亚市海棠湾镇蜈支洲岛 电话：0898-8885 3666	 ZHEJIANG NARADA GRAND HOTEL 浙江世贸君澜大饭店 ★★★★★ 地址：杭州市曙光路122号 电话：0571-8799 0888
FOUR POINTS Hangzhou Binjiang BY SHERATON 杭州龙禧福朋 喜来登集团酒店 地址：杭州市滨江区东信大道868号 电话：0571-2887 8888	 蝶来浙江宾馆 DEEFLY ZHEJIANG HOTEL 地址：杭州市三台山路278号 电话：0571-8718 0808	 **BANYAN TREE** HANGZHOU 杭州西溪悦榕庄 地址：西湖区紫金港路21号西溪天堂 电话：0571-8586 0000	 **ANGSANA** 杭州西溪 悦椿度假酒店 地址：西湖区紫金港路21号西溪天堂 电话：0571-8500 2000
 XIXI HOTEL HANGZHOU 杭州西溪宾馆 地址：杭州市西湖区文二西路803号 电话：0571-8539 6666	**GRAND METRO Park** HOTEL Hangzhou 杭州维景国际大酒店 ★★★★★ 地址：杭州市平海路2号 电话：0571-8708 8088	**GRAND PARKRAY HANGZHOU** 杭州雷迪森铂丽大饭店 地址：杭州市萧山区市心北路108号 电话：0571-8378 8888	**LANDISON** PLAZA HOTEL HANGZHOU 杭州国大雷迪森广场酒店 地址：杭州市下城区体育场路333号 电话：0571-8515 8888
LANDISON LONGJING RESORT HANGZHOU 杭州龙井雷迪森庄园 地址：杭州市西湖区龙井里鸡笼山86号 电话：0571-8691 6666	**LANDISON** RESORT TONGLU 桐庐雷迪森度假酒店 地址：杭州市桐庐城南街道金中路1号 电话：0571-6433 3999	**LANDISON** TAI LAKE RESORT HUZHOU 湖州太湖雷迪森温泉度假酒店 ★★★★★ 地址：太湖旅游度假区梅洲路288号 电话：0572-213 6688	 **LEIDISEN WINNING HOTEL** 雷迪森万锦大酒店 地址：上虞市市民大道555号 电话：0575-8279 8888

LANDISON
PUTUOSHAN RESORT ZHOUSHAN
舟山普陀山雷迪森庄园

地址：舟山市普陀山法雨路115号
电话：0580-669 0666

舟山凤凰岛雷迪森假日酒店
PHOENIX ISLAND RESORT ZHOUSHAN

地址：舟山市定海区青垒路120号凤凰岛
电话：0580-803 1188

NARADA
Resort & Spa Liangzhu
ZHEJIANG·CHINA
良渚君澜度假酒店

地址：杭州余杭区良渚文化村内
电话：0571-8900 8888

金马饭店
Jinma Palace
★★★★★
HANGZHOU CHINA

地址：杭州市萧山区通惠中路218号
电话：0571-8288 7888

Hangzhou 1000Island Lake
Greentown Resort Hotel
杭州千岛湖绿城度假酒店

地址：淳安县千岛湖镇新安北路
电话：0571-6508 8888

GONGWANG 公望会

地址：富阳东洲街道株林坞万科公望会
电话：0571-8719 6166

GONGWANG 公望会

地址：良渚文化村白鹭郡南春漫里
电话：0571-8876 7755

陆羽山庄
LUYU RESORT
HANGZHOU CHINA

地址：余杭区径山镇双溪漂流景区内
电话：0571-8850 2888

东方豪生大酒店
Oriental Deluxe Hotel

地址：杭州市艮山西路288号
电话：0571-8676 7888

杭州大华饭店
HANGZHOU
★★★★

地址：杭州市南山路171号
电话：0571-8718 1888

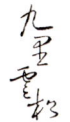
九里云松
PINS DE LA BRUME

地址：杭州市灵隐路18-8号
电话：0571-8798 7999

XIXUAN
SPA HOTELS

地址：杭州市紫金港路西溪天堂
电话：0571-8500 2888

Oakwood Residence
HANGZHOU
杭州奥克伍德国际酒店公寓

地址：杭州市教工路28号
电话：0571-8899 3131

绍兴国际大酒店
Shaoxing International Hotel
★★★★★

地址：绍兴市府山西路100号
电话：0575-8516 6788

XIANHENG
咸亨大酒店
HOTEL
★★★★★

地址：绍兴市解放南路680号
电话：0575-8806 8688

半岛酒店
Peninsula Hotel
NINGBO CHINA
宁波石浦半岛酒店

地址：宁波市象山县金山路218号
电话：0574-6599 9999

桐庐世贸大酒店
WORLD TRADE HOTEL
TongLu-China

地址：浙江桐庐迎春南路36号
电话：0571-6999 9999

HONGLOU
INTERNATIONAL HOTEL
浙江红楼国际饭店

地址：杭州市桐庐县富春路158号
电话：0571-6987 8888

恒元大酒店
Hengyuan Hotel
Cixi China

地址：慈溪市杭州湾区滨海一路55号
电话：0574-5858 9999

假日酒店
Holiday Inn
杭州萧山众安
HANGZHOU XIAOSHAN

地址：杭州市萧山区山阴路688号
电话：0571-8297 7777

乌镇黄金水岸大酒店
Gold River-Side Hotel WuZhen

地址：嘉兴市桐乡乌镇青镇路8号
电话：0573-8872 8888

建德半岛凯豪大酒店
JIANDE PENINSULA KAIHAO HOTEL

地址：杭州市建德新安东路688号
电话：0571-6418 5888

RAMADA PLAZA
HANGZHOU XIAOSHAN
杭州英冠华美达广场酒店

地址：萧山临江工业园区经五路98-18号
电话：0571-8381 1777

SOUTH CHINA
浙江南国大酒店
★★★★★

地址：富阳市馆驿里8号
电话：0571-6313 8888

地址：杭州市萧山区水博大道8号
电话：0571-8350 0888

君亭湖滨酒店
SSAW HOTELS

地址：杭州市解放路221号
电话：0571-2803 3666

世贸·君亭艺联酒店
SSAW HOTELS

地址：杭州市学院路29号
电话：0571-8512 2666

世贸·君亭广场酒店
SSAW HOTELS

地址：杭州市体育场路261号
电话：0571-2811 6666

杭州和孚精舍

地址：杭州上城区万松岭路94号
电话：0571-8655 7700

地址：杭州余杭超山风景名胜区
电话：0571-8631 5700

地址：安吉县天荒坪镇大年初一风景小镇
电话：0572-585 0000

地址：湖州市安吉县大山坞自然村68号
电话：0572-513 8166

大理实力希尔顿酒店

地址：大理市七里桥感通路以南
电话：0872-668 8888

阿尔卡迪亚阳光酒店
ARCADIA SUNSHINE HOTEL

地址：黄山市黄山区太平湖金盆湾
电话：0559-219 8888

黄山太平湖绿地皇冠假日酒店

地址：黄山区太平湖风景区滨湖大道1号
电话：0559-529 8888-8301

东方山水金沙酒店

地址：绍兴市柯桥区稽山南路88号
电话：0575-8999 0000

地址：宁波市象山县象山港路1111号
电话：0574-6577 8888

舟山普陀山祥生大酒店

地址：舟山市普陀区普陀山镇合兴西苑
电话：0580-669 6666

龙泉国际大酒店

地址：龙泉市剑池东路29号
电话：0578-718 8000

富阳国际贸易中心大酒店

地址：富阳江滨西大道56号
电话：0571-2323 8888

君澜·绍兴鉴湖大酒店

地址：绍兴市柯岩大道518号
电话：0575-8556 8888

绍兴世茂皇冠假日酒店

地址：绍兴市越城区胜利东路379号
电话：0575-8910 8888

战略合作联盟

阿里巴巴（中国）网络技术有限公司

地址：杭州市滨江区网商路699号
电话：0571-8502 2088

杭州娃哈哈集团有限公司

地址：杭州市清泰街160号
电话：0571-8788 0592

开元旅业集团

地址：杭州市萧山区市心中路818号
电话：0571-8288 8888

浙江科发资本管理有限公司

地址：下城区庆春路38号金龙财富中心
电话：0571-8993 9939

开氏集团有限公司

地址：杭州市萧山区衙前镇
电话：0571-8278 3388

达利国际集团

网址：www.highfashion.com.hk
邮箱：info@highfashion.com.hk

浙江水欣控股集团有限公司

地址：杭州市寰宇商务中心A座2005室
电话：0571-8160 7532

浙江港流高分子科技股份有限公司

地址：杭州市钱江世纪城民和路800号
电话：0571-8587 0851

《杭商》还向以下单位提供阅读服务

机场
北京首都国际机场
上海浦东国际机场
上海虹桥国际机场
天津滨海国际机场
重庆江北国际机场
沈阳桃仙国际机场
大连周水子国际机场
广州白云机场
深圳宝安国际机场
三亚凤凰国际机场
厦门高崎机场
杭州萧山国际机场
宁波栎社国际机场

图书馆
中国国家图书馆
首都图书馆
上海市图书馆
天津图书馆
重庆市图书馆
河北省图书馆
石家庄市图书馆
山西省图书馆
太原市图书馆
内蒙古图书馆
黑龙江省图书馆
哈尔滨市图书馆总馆
吉林省图书馆
长春市图书馆
辽宁省图书馆
沈阳市图书馆
广东省中山图书馆
广西壮族自治区图书馆
南宁图书馆
海南省图书馆
海口图书馆
湖北省图书馆
武汉图书馆
安徽省图书馆
合肥市图书馆
江苏省图书馆
南京市图书馆

山东省图书馆
济南市图书馆
浙江图书馆
杭州图书馆
福建省图书馆
福州市图书馆
江西省图书馆
南昌市图书馆
湖南省图书馆
长沙市图书馆
河南省图书馆
郑州市图书馆
陕西省图书馆
西安市图书馆
甘肃省图书馆
兰州市图书馆
新疆维吾尔自治区图书馆
乌鲁木齐图书馆
青海省图书馆
西宁图书馆
宁夏图书馆

银川图书馆
四川省图书馆
成都市图书馆
贵州省图书馆
贵阳市图书馆
云南省图书馆
昆明图书馆
西藏自治区图书馆
拉萨市图书馆

以下人士是《杭商》赠阅的主要对象

★ 国家有关部委领导，浙江省及省内地级或以上城市领导；
★ 国家及省级有关经济研究机构负责人；
★ 杭州市级机关领导班子成员，各县（市、区）领导班子成员及县（市、区）管干部；
★ 在杭国家级及省级开发区领导班子成员；
★ 世界企业500强在杭机构，在杭中央、省属国企，杭州市大企业大集团、重点企业、拟培育重点工业企业负责人；
★ 其他我们认为有赠阅价值的各界人士……

杭州市杭商研究会
HANGZHOU MERCHANTS RESEARCH ASSOCIATION

会 长：
王水福　西子联合控股有限公司董事长

常务副会长：
聂忠海　杭汽轮集团有限公司董事长

轮值会长：
胡季强　康恩贝集团有限公司董事长
蒋　明　杭氧集团有限公司董事长
沈金荣　中策橡胶集团有限公司董事长
竺福江　杭州民生医药控股集团有限公司董事长
童民强　杭州解百集团股份有限公司董事长
陆鸿敏　杭州金鱼电器集团有限公司董事长
钱　峰　浙江文创控股集团有限公司董事长
屠红燕　万事利集团有限公司董事长
张国标　富春控股集团有限公司董事长
田　宁　浙江盘石信息技术有限公司董事长兼首席执行官
王麒诚　汉鼎宇佑集团有限公司董事长
陶晓莺　三替集团有限公司董事长
郑晓峰　杭州千岛湖啤酒有限公司董事长

副会长：
辛　薇　杭州市政协巡视员
吴晓波　浙江大学管理学院院长、浙江大学全球浙商研究院院长
陈　智　浙江大学医学院常务副院长、教授
王曙光　浙商研究会副会长、浙江大学管理学院研究员、教授
杨轶清　浙商研究会副会长、浙江工商大学浙商研究院副院长
胡宏伟　浙商研究会副会长、东方早报副社长兼浙江分社社长
徐王婴　浙商研究会副会长、秘书长
张晓敏　杭商研究会常务副秘书长
郭常平　浙江大学继续教育学院副院长
仇建平　巨星投资控股集团有限公司董事长
汪建敏　杭州千岛湖发展有限公司总经理
陈烟土　浙江新南北控股集团有限公司董事长
陈贤兴　利尔达科技集团股份有限公司董事长
张　晨　杭州联合银行董事长
吴启元　浙江君亭酒店管理股份有限公司董事长
章国经　西湖电子集团有限公司党委书记、董事长
朱明虬　思美传媒股份有限公司董事长
叶水泉　杭州源牌集团有限公司董事长
陈　斌　赛伯乐基金创始合伙人兼总裁
徐建军　开始众筹创始人兼CEO
张良伦　贝贝网创始人兼CEO
管建平　风雅颂扬文化传播集团（杭州）有限公司董事长

秘书长：
辛　薇　杭州市政协巡视员

常务副秘书长：
张晓敏　杭州市杭商研究会常务副秘书长（兼）

副秘书长：
姚丽萍　杭报集团副总编辑
张国华　杭州种业集团副总经理
莫兆洋　杭氧集团有限公司办公室主任
叶芙蕾　杭州解百股份有限公司综合办公室主任
付立飞　西子联合控股有限公司党办主任
李　波　杭州金鱼电器集团有限公司总经理助理
倪国良　中策橡胶集团有限公司办公室主任
陈燕平　康恩贝集团公司总裁办副主任
茅丽红　民生药业集团有限公司办公室主任
周永亮　华东医药股份有限公司副总经理
汪君玮　杭州市文化创意协会常务秘书长
袁　秩　富春控股集团有限公司董办副主任
钟晓晓　农夫山泉股份有限公司总裁办主任
王　红　浙江盘石信息技术有限公司总裁办主任
叶　臻　三替集团有限公司董事长助理
闻光凯　汉鼎宇佑集团有限公司董事长助理
刘铁军　杭州市金融投资集团办公室主任
程　翀　万事利集团有限公司办公室主任
陈明亮　杭汽轮集团有限公司办公室副主任
许君波　杭州市发展研究中心文化建设研究处副处长
王　莉　杭州市杭商研究会培训中心主任

韩建明 摄

常务理事

丁少华	杭州吉利易云科技有限公司总经理	张炎良	杭州市园林绿化股份有限公司总裁
丁浚哲	浙江厚道资产管理有限公司总裁	张艳阳	浙江小咖投资管理有限公司创始合伙人
丁惠敏	浙江省老字号企业协会秘书长	陆幼江	浙江五联律师事务所主任、市律师协会党委委员
马兴法	天马控股集团有限公司董事长	陈杭生	浙江中新力合控股有限公司总裁
王　明	浙江省众智互联网研究院院长	陈宗年	杭州海康威视数字技术股份有限公司董事长
王文娟	杭州博创企业管理咨询有限公司总经理	陈海斌	浙江迪安诊断技术股份有限公司董事长
王伟础	杭州市城市品牌促进会秘书长	林　东	杭州绿盛集团有限公司董事长
王米成	杭州鸿雁电器有限公司总经理	金　波	FM89广播电台总监
王敏翔	浙江邮美实业有限公司集团CEO	金　峰	浙江蔚庭新能源科技有限公司董事长
毛靖翔	杭州米趣网络科技有限公司董事长	周永亮	华东医药股份有限公司副总经理
方　毅	浙江每日互动网络科技有限公司总经理	周建中	浙江数联云实业有限公司董事长
方向生	杭州硬功馆科技有限公司创始人	郑建武	浙江脸谱科技有限公司董事长
兰建军	杭州小拇指汽车维修科技股份有限公司总裁	赵礼敏	杭叉集团股份有限公司董事长
朱跃明	浙江久加久食品饮料连锁有限公司董事长	赵云池	浙江小咖投资管理有限公司合伙人
刘　恩	浙江智仁律师事务所主任	胡祥甫	浙江金道律师事务所主任
安　行	杭州天任生物科技有限公司创始人	钟睒睒	农夫山泉股份有限公司董事长
许　亮	市旅行社协会副会长、中国国旅（浙江）国际旅行社有限公司总经理	姜广勇	杭州九阳小家电有限公司董事长
孙叶明	杭州启思创投资管理有限公司董事长	姜巨舫	浙江英特药业有限责任公司总经理
李　琦	杭州瑞德设计有限公司创始人	祝旭慷	浙江南鸿装饰股份有限公司董事长
李立成	杭州凸凹文化发展有限公司总经理	聂　伟	杭州读旅教育科技有限公司总经理
李金宝	桐君堂药业有限公司董事长	钱迪文	大新华国际会议展览有限公司浙江分公司总经理
李晓桃	杭州欣盛房地产开发有限公司总经理	席挺军	杭州文化娱乐品牌促进会常务副会长
杨罕闻	杭州万承志堂国药馆有限公司董事长	李炳清	雷迪森旅业集团常务副总裁
吴宇飞	杭州博见企业管理咨询有限公司总经理	董顺翔	知味观味庄餐饮有限公司总经理
吴国平	浙江外婆家餐饮集团有限公司创始人	嵇国光	杭州久盛管理咨询集团有限公司总经理
吴晓农	浙大网新信息控股有限公司副总裁	程力栋	浙江永乐影视股份有限公司董事长
何　澜	杭州爱蹭课网络科技有限公司总经理	傅小刚	杭州悦蓉科技有限公司董事长
邹宗平	杭州海丝泉化妆品有限公司董事长	傅利泉	浙江大华技术股份有限公司董事长
沙建国	杭州茶爽科技有限公司执行董事	傅政军	天鸽互动控股有限公司CEO
沈　骏	康凯科技（杭州）有限公司董事长	谢利河	杭州慧合利企业管理咨询有限公司总经理
沈宇清	杭州市青藤茶馆有限公司董事长	蔡红亮	杭州郝姆斯食品有限公司总经理
张国华	杭州种业集团副总经理	缪　亮	运动世界创始人
张昌金	浙江慧通广告有限公司董事长		

ALLIANCE OF HANGZHOU BUSINESS INTERNATIONAL INNOVATION

杭商国际化创新联盟

杭商国际化创新联盟成立于2016年8月，是杭商培育品牌、记录成就、展示成果、沟通信息、交流经验的重要阵地。联盟联合国内顶级经济智库，优质创投公司，境外一线财富管理机构、医疗服务部门，中央及省市新闻单位，为成员单位提供国内资产优化、创业投资、财富管理、海外体检医疗及媒体资源整合等服务。

主席团

宗庆后	娃哈哈集团有限公司董事长
汪力成	华立集团股份有限公司董事局主席
王水福	西子联合控股有限公司董事长
陈妙林	开元旅业集团有限公司董事长
周立武	兴源环境科技股份有限公司董事长
陈越孟	浙商创投股份有限公司董事长
陈晓锋	浙江科发资本管理有限公司董事长
张国强	凯喜雅集团董事长
邱娣兵	品融控股集团董事长
林典誉	达利（中国）有限公司总经理
方吾校	胜达集团有限公司董事局主席
马仁德	香港好德利集团董事局主席
田宁	盘石网盟董事长
应仁忠	西纳维思（杭州）服装服饰有限公司董事长
陈敏	杭州利星名品百货广场有限公司董事长
项兴良	开氏集团有限公司董事长
钱培鑫	浙江和康医疗集团董事长
蒋文龙	浙江水欣集团股份有限公司董事长
傅妙奎	柳桥集团有限公司董事长

常务理事

丁国良	杭州天创环境科技股份有限公司董事长
王真震	浙江信网真科技股份有限公司董事长
叶水泉	源牌集团董事长
卢敬锋	杭州乾球环境工程有限公司董事长
白友其	浙江易之园林股份有限公司董事长
刘琼	杭州米络科技有限公司董事长
刘红才	浙江申通快件服务有限公司总经理
华建华	杭州域农科技股份有限公司董事长
江有归	杭州泰一指尚科技有限公司董事长
何永富	杭州之江有机硅化工有限公司董事长
沈新荣	杭州哲达科技股份有限公司董事长兼总裁
沈铁伟	杭州市信息安全产业园总经理
邵海燕	浙江尚哲投资管理有限公司董事长
陈凯	杭州华普永明光电股份有限公司董事长
吴家平	杭州佳平影业有限公司董事长
吴俊宏	浙江远图互联科技股份有限公司董事长
陆张法	浙江宏发集团有限公司董事长
张朝设	浙江港流高分子科技股份有限公司董事长
罗林	格格医疗科技（上海）有限公司创始人
杨华	杭州紫邦园林有限公司董事长
杨隐峰	浙江泛嘉控股有限责任公司董事长
孟宏亮	杭州元弘投资管理有限公司董事长
孟一新	浙江泰杉文化科技有限公司董事长
范渊	杭州安恒信息技术有限公司董事长
郑历	杭州明视康眼科医院院长
周广鹭	浙江炬荣集团董事长
胡强	杭州中广物业管理服务有限公司董事长
胡敏翔	杭州绩优投资管理有限公司董事长
项勇	杭州钱江电气集团股份有限公司总裁
高敏	汉帛国际有限公司总裁
顾惠波	浙江甲骨文超级码科技股份有限公司董事长
倪卫明	杭州田厚市政有限公司董事长
章金顺	杭州西苑跨湖楼餐饮有限公司董事长
章云樵	俞同春股份有限公司董事长
童妙兴	杭州汇成建设工程有限公司董事长
傅丽	浙江路易房地产开发有限公司董事长

理事

马仁爱	杭州红研颜料化工有限公司总经理
马雪峰	杭州涌源投资有限公司董事长
王玲娟	浙江金迪控股集团有限公司总经理
王　炜	浙江荣庆工程管理有限公司董事长
邓　艳	杭州康宇旅行社有限公司总经理
田伟建	杭州田野提花织造有限公司董事长
冯水军	杭州铭绿建材有限公司总经理
李　敏	浙江人众金融服务股份有限公司董事长
许凤娟	杭州南峰非织造布有限公司总经理
汤甘诗	杭州康新轴承制造有限公司董事长
汪娅平	浙江蕾蕾美颜连锁发展有限公司董事长
张　俊	杭州发达齿轮箱集团有限公司董事长
张子钢	杭州掌维科技股份有限公司董事长
余建国	浙江国杰建设有限公司董事长
杨水福	杭州重型钢管有限公司董事长
沈　迪	杭州映山花颜料化工有限公司董事长
沈　源	杭州开元管件有限公司董事长
沈浙皓	浙江美邦实业集团有限公司董事长
邹怡臻	杭州铁集货运股份有限公司总经理
陈　伟	杭州万达方向机有限公司董事长
陈国火	浙江数通实业有限公司董事长
陈张洪	杭州潮洪建材有限公司董事长
汪国灿	杭州萧山佳美保洁有限公司总经理
李利珍	浙江力禾集团有限公司董事长
陆长兴	杭州杭新印花整理有限公司总经理
周友春	杭州萧山园林集团有限公司董事长
罗　辉	浙江精侍健康管理有限公司董事长
俞春根	浙江久工精密机械有限公司董事长
俞正泉	安徽满贯农业科技有限公司董事长
赵丽萍	杭州花之城纺织有限公司总经理
高清淼	杭州巨创网络科技有限公司董事长
高利峰	杭州祥程资产管理有限公司董事长
桑张耿	浙江舜达伟业物资有限公司总经理
翁建坤	杭州航峰金属材料制造有限公司董事长
莫甫根	杭州金南工量具有限公司董事长
黄成安	紧商科技股份有限公司董事长
朱念东	林森建设集团董事长
程常杰	浙江天蓝环保技术股份有限公司总经理
曾曙光	浙江融哲律师事务所主任
楼伟杰	杭州海尔希畜牧科技有限公司董事长
蔡才勤	浙江萧山建宏商品混凝土有限责任公司总经理
蔡志梅	杭州钱浪涂料科技有限公司董事长

会员

丁兆祥	杭州晨莹自行车配件有限公司总经理
卜士良	杭州吉利机械有限公司董事长
王国林	杭州豪康幕墙装饰有限公司总经理
汤劲刚	杭州塞勒尼光电科技有限公司董事长
杨　云	杭州晓阳水产品有限公司董事长
范小明	浙江恒迪寝具有限公司总经理
俞悦利	杭州悦达市政建设工程有限公司总经理
赵万里	杭州瑞丰汉艺纺织品有限公司董事长
高贤军	杭州华美制衣有限公司总经理
高尧泉	杭州萧山建一五金有限公司总经理
徐红英	杭州萧山鼎福门大酒店总经理
傅世根	杭州天宇化工有限公司总经理
傅小青	杭州通алмашины机械有限公司总经理
缪建章	杭州杭新印花整理有限公司厂长

图书在版编目（CIP）数据

杭商.2019.第三辑/《杭商》编辑部编. —北京：经济管理出版社，2019.6
ISBN 978-7-5096-6599-2

Ⅰ.①杭… Ⅱ.①杭… Ⅲ.①商业史—研究—杭州 Ⅳ.①F729

中国版本图书馆CIP数据核字（2019）第089111号

出　　　　版：	经济管理出版社
	（北京市海淀区北蜂窝8号中雅大厦A座11层　100038）
组稿编辑：	张巧梅
责任编辑：	张巧梅
责任校对：	张晓燕
电　　话：	（010）51915602
经　　销：	新华书店
印　　刷：	杭州强顺印刷有限公司
开　　本：	210mm×285mm　1/16
印　　张：	11
字　　数：	331千字
版　　次：	2019年6月第1版
印　　次：	2019年6月第1次印刷
书　　号：	ISBN 978-7-5096-6599-2
定　　价：	30.00元

（版权所有，翻印必究）